中共安徽省委党校（安徽行政学院）资助出版

绿色技术创新对长江经济带制造业升级的促进机理研究

金露露◎著

中央党校出版集团

国家行政学院出版社

NATIONAL ACADEMY OF GOVERNANCE PRESS

图书在版编目（CIP）数据

绿色技术创新对长江经济带制造业升级的促进机理研
究 / 金露露著 . —北京：国家行政学院出版社，2023.12
ISBN 978-7-5150-2853-8

Ⅰ.①绿… Ⅱ.①金… Ⅲ.①长江经济带－制造工业
－工业经济－绿色经济－经济发展－研究 Ⅳ.
①F426.4

中国国家版本馆 CIP 数据核字（2024）第 003804 号

书　　名	绿色技术创新对长江经济带制造业升级的促进机理研究	
	LÜSE JISHU CHUANGXIN DUI CHANGJIANG JINGJIDAI	
	ZHIZAOYE SHENGJI DE CUJIN JILI YANJIU	
作　　者	金露露　著	
统筹策划	陈　科	
责任编辑	陆　夏　宋颖倩	
责任校对	许海利	
责任印制	吴　霞	
出版发行	国家行政学院出版社	
	（北京市海淀区长春桥路 6 号　100089）	
综 合 办	（010）68928887	
发 行 部	（010）68928866	
经　　销	新华书店	
印　　刷	中煤（北京）印务有限公司	
版　　次	2023 年 12 月北京第 1 版	
印　　次	2023 年 12 月北京第 1 次印刷	
开　　本	170 毫米×240 毫米　16 开	
印　　张	12.25	
字　　数	176 千字	
定　　价	45.00 元	

本书如有印装问题，可联系调换，联系电话：（010）68929022

前言 Preface

　　长江经济带制造业升级，既对我国制造业向全球价值链中高端攀升有重要贡献，也有利于长江经济带高质量发展战略目标的实现。长江经济带制造业具有规模大、创新能力强等特点，同时也面临发展困境——环境规制制约、发展模式"路径依赖"和资源环境约束，亟须转型升级。绿色技术创新兼具环境保护与技术创新的特点，分析绿色技术创新对长江经济带制造业升级有无促进作用及具体作用机理，有利于探寻长江经济带制造业升级路径与对策。

　　目前技术创新、产业升级等研究在国内外已较为成熟，绿色技术创新、制造业、长江经济带等是国内研究热点，相关研究为本书提供了理论基石、方法借鉴和观点参考。但是，现有研究还存在以下可供探讨的空间：在绿色技术创新对产业升级的影响上存在分歧，大部分研究认为绿色技术创新对产业升级起促进作用，也有学者认为起阻碍作用或没有明显影响；关于绿色技术创新对产业升级的具体作用机理的论述较少；对长江经济带制造业的研究还不够丰富。

　　针对以上问题，本书采用规范分析与实证分析相结合的研究方法，力图实现绿色技术创新对长江经济带制造业升级具体作用机理分析的理论构建和量化检验，为长江经济带制造业升级提供对策参考。规范分析主要以可持续发展理论、产业结构理论、产业生命周期理论为基础，论述了绿色技术创新对长江经济带制造业升级的具体促进机理，根据作用路径的不同，分为间接促进机理和直接促进机理；实证分析采用长江经济带数据，主要构建中介效应模型和空间面板计量模型等，对理论框架的分析结论进行实证检验。

规范分析主要结论为：绿色技术创新能直接或间接促进制造业升级。具体内容为：对制造业升级作进一步界定，根据制造业升级内涵和可持续发展背景下制造业升级的目标，参考现有研究，将制造业升级分为集约化、清洁化和高级化三类。依据产业结构升级理论和产业生命周期理论，将影响这三类制造业升级的因素，根据作用路径不同分为间接因素和直接因素，间接因素包括需求因素和供给因素，直接因素指产业生命周期。根据影响因素的不同，将绿色技术创新对制造业升级的促进机理分为间接促进机理和直接促进机理。间接促进机理包括，绿色技术创新通过"经济增长效应"影响需求因素从而拉动制造业升级，以及通过"成本替代效应"影响供给因素从而推动制造业升级。其中，"经济增长效应"是指随着经济水平和收入水平的提升，总需求及需求结构所产生的变化；"成本替代效应"是指绿色环保制造业生产成本下降，对使用传统技术高成本制造业产生的替代影响。直接促进机理为绿色技术创新直接对制造业产业生命周期产生的不同影响，包括促进先进产业萌芽和成长、加速传统产业技术改造和衰退，从而促进制造业升级。

实证分析主要结论为：绿色技术创新对长江经济带制造业升级的直接和间接作用检验均显著。具体内容为：对长江经济带绿色技术创新水平和长江经济带三种不同类型制造业升级状况进行测度，使用绿色专利申请授权量对绿色技术创新水平进行测度；以绿色全要素生产率为衡量指标，采用 SBM－DEA 模型对制造业集约化状况进行测度；以清洁产业占比为衡量指标，对清洁化状况进行测度；以高技术产业占比为衡量指标，对高级化状况进行测度。绿色技术创新对长江经济带制造业的间接作用机理实证检验，构建中介效应模型，检验结果显示集约化中介效应显著；"成本替代效应"的检验结果为，集约化和清洁化中介效应检验显著。绿色技术创新对长江经济带制造业的直接作用机理的实证检验，构建空间面板计量模型，空间距离矩阵包含空间邻接矩阵、空间距离矩阵和空间经济距离矩阵，检验结果显示，不管采用空间邻接矩阵还是空间经济距离矩阵，集约化影响均显著；只有在空间邻接矩阵情况下，对清洁化和高级化影响才显著。检验结果验证了理论分析结论。

本书核心观点为：绿色技术创新是促进长江经济带制造业升级的有效路径。根据核心观点提出的对策建议为：通过增强环境规制、拓展新兴市场、整合区域内外科技创新资源等方式提升长江经济带绿色技术创新水平；从国家层面、区域层面和企业层面进行改革，充分发挥政府和市场作用，完善市场制度，企业进出自由，提升产业结构调整效率，畅通绿色技术创新推动制造业升级的作用渠道。

本书创新之处在于：(1)构建了绿色技术创新对制造业升级促进机理分析的理论框架，在间接机理分析中提出"经济增长效应"和"成本替代效应"概念，为相关研究作出边际理论贡献。(2)构建中介效应模型，实现"经济增长效应"和"成本替代效应"量化，使得绿色技术创新对长江经济带制造业升级的间接促进作用更加直观具体。(3)构建长江经济带制造业数据库，通过从 EPS 数据库、国泰安数据库（CSMAR）、WIND 数据库、各统计年鉴整理得到长江经济带制造业分行业分地区数据，丰富了长江经济带制造业研究资料。

目录 Contents

引　言

|第一节|　问题的提出

长江经济带是以长江流域为基础，在空间范围上又不完全等同于长江流域的经济区域。2020年11月在南京召开的全面推动长江经济带发展座谈会上，习近平总书记强调，坚定不移贯彻新发展理念，推动长江经济带高质量发展，谱写生态优先绿色发展新篇章，打造区域协调发展新样板，构筑高水平对外开放新高地，塑造创新驱动发展新优势，绘就山水人城和谐相融新画卷。这要求我们既要依托"黄金水道"打造中国经济新的支撑带，又要修复重化工业集聚导致的生态环境破坏的现状。如何平衡经济发展与生态保护的矛盾成为推动长江经济带建设的首要问题，产业转型升级是解决这一问题的突破口，尤其是制造业转型升级。技术创新一直是产业转型升级的重要推动力，绿色技术创新是实现"资源节约、环境保护"的技术创新，与长江经济带"生态优先、绿色发展"总基调不谋而合，对于实现长江经济带制造业转型升级有重要推动作用。

一、研究背景

（一）绿色发展成为全球共识

绿色发展理念首先出现在个别工业发达国家，后随着学术界对环保的呼吁、环保运动不断涌现、绿色政党形成和广泛传播，世界各国开始就环保进行沟通对话，绿色发展逐渐成为全球共识。

学术界首先对粗放式发展的工业导致的环境恶化进行犀利批判，包括极富影响力的著作和学派。1962年《寂静的春天》问世，主要讲述了化学药品对环境的影响，特别是杀虫剂对动植物的破坏，给予人们强有力的生态警示；1972年《增长的极限》问世，该书运用系统动力论的方法告诉我们，增长是有极限的，从而引发了人们对环境问题的广泛讨论和关注。这些反思还催生了有重要影响力的生态马克思主义等学派，生态马克思主义采用生态学中的研究方法，使用马克思主义理论来诠释现实中出现的生态危机，并探索解决路径，其认为导致严重生态危机的根本原因是资本主义制度，因此，要解决生态问题，主要要推翻资本主义制度。学术界对绿色发展问题的讨论引发社会对其广泛关注。

环保类社会运动不断涌现。随着环境问题对人们生活的影响逐渐增大，人们对高质量生活环境的渴求越来越强烈。环保恶化与人们对环境保护的重视形成冲突，由此在西方发达国家爆发了许多大规模环境保护运动。这些环保运动产生了深远影响，推动被忽视的环境问题成为政治问题，使得环境问题走上政治舞台。

环保运动为绿色政党（绿党）的产生提供了广泛群众基础，绿党作为呼吁环境保护的代言人，开始发展为一支独立的政治力量登上国际舞台。绿党主要以环保为最根本宗旨，世界上第一个绿党是新西兰的价值党，强调环境保护和生态平衡等。绿党在政治层面的影响力逐步扩大，导致其主张的绿色发展理念也被纳入世界各国发展战略中。

1972年6月，联合国人类环境会议在瑞典首都斯德哥尔摩召开，这是人类历史上第一次以环境为议题的国际会议。现在，联合国环境大会每两年举办一届。由此可见，环境保护、绿色发展已逐步成为世界共识。

（二）"再工业化"浪潮来袭

20 世纪 80、90 年代开始，美国和西欧等国开始出现明显的"去工业化"，这些国家认为发达国家更适合发展服务业，因此制造业占本国 GDP 的比重持续降低、制造能力衰退、经济增长乏力、失业增加，出现诸如苹果、耐克式的公司，只负责产品设计、进口和分销。[①] 直到 2008 年爆发的全球金融危机，这次金融危机虽然从表面上看是由于货币政策使用不当和金融创新滥用所致，但实质原因在于互联网泡沫带来的风险，在于虚拟经济严重脱离实体经济。金融危机过后，美国和西欧国家意识到单靠服务业难以支撑起整个国民经济，国民经济的健康发展离不开工业，更离不开工业的主体——制造业。2009 年，美国为了重回全球制造业中心地位，开始正式提出"再工业化"战略，一方面出台一系列相应的政策，例如"重振美国制造业框架"、《制造业促进法案》等，这些政策措施通过税收减免等方式，鼓励企业将海外的制造业业务转移回国内，重振美国传统制造业；另一方面，加大对先进制造业的培育和投入，发展先进制造业，推动制造业升级，抢占全球制造业价值链高端位置。由此可见，美国"再工业化"既有复兴传统制造业的任务，又有抢占未来全球制造业发展制高点的目标。[②] 自此以后，其他发达国家纷纷效仿美国，实行"再工业化"，如英国推出了"先进制造领域一揽子新政策""英国发展先进制造业的主要策略和行动计划"，德国提出了"工业 4.0"愿景，日本出台"再兴战略"，法国发布"新工业法国计划"等。

面对全球金融危机带来的持续性经济低迷，世界各国，特别是老牌制造业强国均选择采取重振实体经济的策略，并且从国家战略高度制订了一系列振兴计划。但是全球制造业有效需求依然受全球经济增长放缓、贸易

---

① 金碚：《中国制造 2025》，中信出版社 2015 年版，第 117 页。
② 陈江生、蔡和岑、张滔：《美国"再工业化"效果：评价与反思》，《理论视野》2016 年第 12 期。

保护主义抬头、地缘政治风险增加等因素的影响，整体有效需求不足；且制造业对于传统的能源资源的依赖程度比较高，因此受到资源环境的约束也较大。针对当前制造业发展存在的问题，世界各国在抢占制造业战略制高点的过程中，寻求提高制造业竞争力的途径：逐渐增强创新在制造业发展中的地位；对生产方式进行变革，如智能制造；更加注重绿色可持续发展，如"绿色制造""低碳革命"等。[①]

除老牌制造业强国集体采取措施，制定制造业创新和未来发展的纲要，想重回世界制造业之巅外，许多发展中国家也纷纷制定本国制造业发展规划，想要抢占世界份额，例如印度的"印度制造计划"。因此，无论是掌握核心技术和制造业主导权的发达国家，还是希望在中低端制造市场占有一席之地的先进经济体，都意识到发展制造业的重要意义。

（三）"高速度"转向"高质量"

新中国成立 70 多年来，尤其是改革开放 40 多年来，取得了许多举世瞩目的成就。在经济总量上，根据国际货币基金组织（IMF）公布的数据，中国经济总量由 2000 年的 1.21 万亿美元跃升到 2020 年的 14.86 万亿美元，大约是 20 年前的 12 倍，占新兴市场和发展中经济体经济总量的 43% 还要多。[②] 然而，当经济社会发展进入"十四五"时期，传统依靠大量生产要素投入的粗放式生产已经难以为继。原因在于，改革打破了原有城乡二元割据状态，随着城乡资源可自由流动，大量农村未充分利用的劳动力和土地等资源要素得到开发利用，推动经济高速增长；对外开放有利于引进外资和国外先进技术，国内广阔的市场也使得引进的技术得以迅速扩散和充分利用。随着改革开放继续推进，2020 年末，我国常住人口城镇化率已经达到了 63.89%，与以往相比，目前城镇化速度严重放缓，农村闲置劳动力和土地等要素资源也在逐渐减少；随着国内技术水平的不断提

---

① 国家制造强国建设战略咨询委员会编著《中国制造 2025 蓝皮书》，电子工业出版社 2016 年版，第 11—15 页。

② 陈江生：《中国全面建成小康社会的历史意义》，《理论视野》2021 年第 8 期。

高，与国际技术水平的差距在不断缩小，可引进的技术也在逐渐减少。

面对新的经济发展形势，党中央对发展阶段的认识不断深化，"中国正行进在基于中国特色社会主义制度推进生态文明建设、实现人与自然和谐共生的现代化快车道上"①，党的十九大首次提出，中国经济已经由高速增长阶段转向高质量发展阶段。与高速增长阶段相比，高质量发展阶段发生了许多变化：我国从落后的贫穷国家变为世界第二大经济体、从单纯以GDP为中心转变为以实现平衡发展和充分发展为目标、从追求物质的"金山银山"到"绿水青山就是金山银山"。这样一系列的变化导致发展观念发生了根本性转变，从赞美烟囱里冒出的黑烟像"水墨画大牡丹"一样美，到现在追求"创新、协调、绿色、开放、共享"的新发展理念。② 新发展理念体现的是对高质量发展的内在要求，目的在于满足人民对美好生活的向往。

高质量发展既是对当前发展阶段的判断，也是一种发展要求。对当前发展阶段的判断告诉我们，以往的发展方式已经难以为继，特别是靠大量资源投入的粗放式发展；作为一种发展要求，要求我们解决发展中存在的矛盾，坚持新发展理念，更加注重绿色发展，保护子孙后代的生存环境，更加注重创新发展，特别是自主创新，为经济发展提供不竭动力。

（四）资源环境约束日益趋紧

长期依靠高投入、高产出、高污染的"三高"发展模式导致我国资源能源不可持续，污染物排放超过环境承载力，资源环境压力不断增加。

我国人均资源占有量相对较低，能源利用率较低，能源资源对外依存度高。从表 0-1 可以看出，在主要的三种一次性消耗的能源资源中，我国只有煤炭的储量世界占比较高，为 13.3%，而石油和天然气储量的世界占比仅为 1.5% 和 4.5%。在能源消费方面，我国能源消费量的世界占比均高于储量世界占比，石油为 16.1%、天然气为 8.6%、煤炭更是高达

① 陈江生：《百年大党的制度自信从何而来》，《人民论坛》2021 年第 21 期。
② 金碚：《关于"高质量发展"的经济学研究》，《中国工业经济》2018 年第 4 期。

54.3%。从能源储产比可以看出，我国能源消耗过快，与世界水平相比，我国能源储产比较低，石油、天然气、煤炭储产比仅为18.2年、43.3年、37年，远远低于世界水平的53.5年、48.8年、139年；此外，根据《BP世界能源统计年鉴》（2021年版），在后疫情时代经济复苏利好的驱动下，2020年我国一次能源增长2.1%，成为为数不多的几个能源需求增长的国家之一，其中可再生能源消费增长占全球可再生能源消费增长的1/3，碳排放连续第4年持续增长，增幅0.6%。

表0-1　2020年我国能源储量及其与世界水平的比较

参数	石油	天然气	煤炭
我国储量	26（亿桶）	8.4（万亿 m³）	143197（百万吨）
世界占比（%）	1.5	4.5	13.3
我国储产比（年）	18.2	43.3	37
世界储产比（年）	53.5	48.8	139
消费量占比（%）	16.1	8.6	54.3

资料来源：《BP世界能源统计年鉴》（2021年版）。

我国工业废水、废气、粉尘等污染物排放量依然处于较高水平，然而人们对更高质量生存环境的要求愈加强烈。以2017年工业废水排放情况为例，2017年我国工业废水排放量为191.2亿吨，虽然与2016年相比有所下降，但是排放量依然较大，且分布范围广。大量工业污水流入大部分区域的河流，城市中有90%的水资源受到严重污染，城镇每天大约有1亿吨污水未经净化排入河流，导致我国至少有70%河流丧失其作为灌溉、养殖、饮用水来源的价值，1/3水体无法养殖鱼类，可用来灌溉的水源不超过40%，超过一半的水源无法饮用。污染物的高排放直接威胁到人类的健康，例如长时间的雾霾天气、无法饮用的水源等，当前阶段人们对更好的生态环境的需求不断增加，已经不再能够承受高污染换取的高增长，妥善解决环境问题对于新时代中国而言已经越来越重要。

可见，制造业绿色转型升级和高质量发展，是顺应全球范围内绿色发展意识不断觉醒和普及的大势，通过文明对话和绿色发展，为经济全球化发展拓展新的空间和机遇，也有利于提升我国制造业的全球竞争力，同时也是我国转变发展方式、实现高质量发展和生态文明建设的重要途径。

二、研究目的

本书主要研究目的在于以下四点：

第一，揭示长江经济带制造业发展现状，探寻转型升级方向。虽然长江经济带战略提出时间较早，但由于区域内发展差距大、行政分割等原因存在，区域战略目标的推进较为困难。制造业作为经济发展的重要推动力，对推动长江经济带战略目标的实现具有重要作用。但目前，多数研究却集中于长江经济带整体产业发展状况，因此探究长江经济带制造业发展显得尤为重要。

第二，实现绿色技术创新促进制造业升级的具体机理分析的理论构建。绿色技术创新作为特殊的技术创新，其对制造业升级的影响机制到底如何？本书力图对绿色技术创新影响制造业发展的内在具体作用机理进行详细分析。

第三，分析绿色技术创新对长江经济带制造业升级的实际作用。从实证角度对绿色技术创新促进制造业升级加以验证很有必要。因此，本书拟采用长江经济带制造业的数据对前述理论分析进行验证，具体分析长江经济制造业的绿色技术创新现状，绿色技术创新对制造业升级的影响路径以及影响程度等。

第四，根据研究结论提出促进长江经济带制造业升级的对策建议。

三、研究意义

（一）理论意义

第一，构建了绿色技术创新对制造业升级的促进机理的理论框架，并分别对间接促进机理和直接促进机理进行详细论述，对绿色技术创新在制造业升级方面的重要贡献提供理论依据。

第二，使用空间面板计量模型对长江经济带制造业升级的直接促进作用进行检验时，使用三种空间矩阵，即空间邻接矩阵、空间距离矩阵和空间经济距离矩阵，使得检验更加全面。

第三，构建长江经济带制造业数据库，通过从 EPS 数据库、国泰安数据库、WIND 数据库、各统计年鉴整理得到长江经济带制造业分行业分地区数据，丰富了长江经济带制造业研究资料。

（二）现实意义

第一，通过搜集长江经济带制造业相关数据资料、对相关研究进行梳理，总结当前长江经济带制造业存在的问题，有利于区域制造业的发展，有利于发挥长江经济带重要的轴线带动作用，使其成为国内国际双循环的主动脉。长江经济带战略目标的提出、制造业在经济发展中的重要地位，都强调长江经济带制造业升级的重要作用。如果对发展现状认识不清，容易导致政策制定偏误。而现有研究对长江经济带制造业的现状描述得还不多，因此，本书有利于客观认识长江经济带制造业发展状况。

第二，论证了绿色技术创新对长江经济带制造业升级的促进作用，有利于在实践层面提升长江经济带绿色技术创新水平，改善区域生态环境，符合人民对美好生活的向往。

第三，为长江经济带建设建言献策。长江经济带战略目标的实现要求经济发展与生态保护相统一，并且一再强调"生态优先，绿色发展"。本书研究成果可为提高长江经济带绿色创新水平、推动绿色技术创新影响长江经济带制造业升级提供借鉴参考。

|第二节| 研究方案设计

主要研究方案设计如下：围绕研究问题，选择合适的研究方法，并确定具体的研究思路和主要研究内容，为后续研究展开奠定基础。

一、研究方法

本书主要研究方法为规范分析和实证分析相统一。技术创新、产业升级等相关研究在国内外已较为成熟，可以借鉴参考现有经典理论，从理论层面剖析绿色技术创新对制造业升级的具体作用机理；规范分析较为抽象，而实证分析更加具体，可构建实证模型，利用长江经济带数据，从实证层面用数据说话，对规范分析结论作进一步检验。

（一）规范分析

规范分析是给出一种价值判断，回答应该是什么。本书目的在于探究绿色技术创新与制造业升级的关系，依据既有研究和经典理论，对具体作用机理进行理论分析。在规范分析中，主要以可持续发展理论、技术创新理论、现代经济增长理论为基础，以产业结构升级理论和产业生命周期理论展开具体分析，对绿色技术创新影响制造业升级的具体机理进行分析，得出绿色技术创新可以直接和间接推动制造业升级的结论。

（二）实证分析

实证分析会给出一种事实，回答是什么。针对规范分析作出的价值判断，本书利用长江经济带的实际数据，通过构建中介效应模型和空间面板计量模型，对结论进行实证检验。本书在实证分析中主要采用计量经济学的方法，利用相关统计年鉴和权威网站中获取的大量数据为实证基础，以长江经济带为研究载体，对规范分析得出的结论进行验证，如绿色技术创新是否能推动长江经济带制造业升级，是否存在"经济增长效应"和"成本替代效应"。

二、研究框架

本书主要研究框架可分为提出问题、分析问题和对策建议三部分，具体如图 0-1 所示。首先提出问题，从长江经济带制造业发展实际出发，通过梳理分析发现长江经济带制造业在发展过程中存在许多问题。其次是分析问题，主要包括理论分析和实证检验。理论分析揭示了绿色技术创新对制造业升级的促进机理；实证检验则通过对长江经济带绿色技术创新水平和制造业升级状况测度、构建中介效应模型和空间面板计量模型对理论分析结果进行了实证检验。最后是解决问题，即研究结果的应用，基于绿色技术创新与长江经济带制造业升级两方面，对鼓励企业绿色技术创新、最大化绿色技术创新在推动长江经济带制造业升级方面的影响作用提出了对策建议，力图增强研究成果的现实意义。

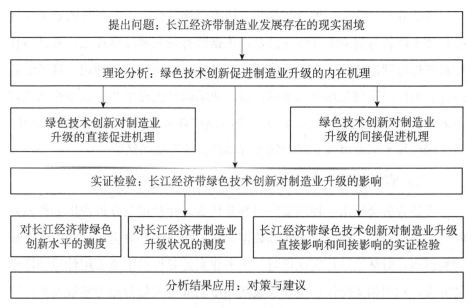

图 0-1 分析框架

三、主要研究内容

本书共分为绪论部分和六个章节：

绪论部分，主要内容包括研究背景、研究目的、研究意义、概念界定、理论基础、文献综述、研究方法、研究框架和主要研究内容、创新点和未尽之处。

第一章，主要介绍了长江经济带制造业发展的历程、现状、面临的问题，重点研究长江经济带在长期的发展过程中面临的问题，包括附加值低、资源环境约束等，亟须转型升级。

第二章，是关于绿色技术创新对制造业升级促进机理的理论分析。这一章首先分析了可持续发展背景下制造业升级的三种类型——集约化、清洁化、高级化。其次筛选了影响制造业升级的主要因素。最后具体分析绿色技术创新通过对影响因素的作用，从而推动制造业集约化、清洁化和高级化升级的具体机理——通过"经济增长效应"间接影响需求结构；通过"成本替代效应"影响供给结构，从而推动制造业升级；促进先进产业萌芽和成长，加速传统产业技术改造和衰退，直接促进制造业升级。

第三章，结合长江经济带相关数据，对长江经济带绿色创新水平以及制造业升级状况进行测度，为验证理论分析做铺垫。

第四章，利用第三章计算的数据，构建中介效应模型，对间接作用效果进行实证检验。

第五章，利用第三章计算的相关数据，将空间因素纳入考量范围，构建空间面板计量模型，对绿色技术创新影响长江经济带制造业升级的直接作用效果进行检验。

第六章，分析结果的应用。根据上述研究结果，提出相应的对策建议。

|第三节| 概念界定与相关理论

相关概念界定和理论是研究的起点和基础，本节首先对"绿色技术创新""制造业升级""长江经济带"进行内涵界定，主要依据已有研究并结合本书的研究目的；本节对与研究相关的理论也进行了梳理和介绍，包括可持续发展理论、经济增长理论、技术创新理论、产业结构升级理论。

一、概念界定

"绿色技术创新""制造业升级""长江经济带"作为本书的核心概念，需要明确其内涵，但就目前的研究而言，还未有统一而明确的概念界定，学者们均依据各自研究目的进行内涵界定，进而明确研究对象。因此本书对已有研究进行梳理，结合研究目的，对"绿色技术创新""制造业升级""长江经济带"进行界定。

(一) 绿色技术创新

1. 绿色技术

目前，国际上关于绿色技术的定义基本趋于一致。认为绿色技术包括绿色产品 (green product) 和绿色工艺，其中绿色工艺又包括清洁工艺 (cleaner process) 和末端治理技术 (end of pipe)。最初在 19 世纪 60 年代，部分发达国家开始制定了针对环境污染的法规，因此推动了末端治理技术的创新和发展。末端治理技术是指，在既有生产技术和污染物排放背景下，通过对废弃物进行处置的手段，从而减少废弃物污染的技术。由于末端治理技术属于附加型绿色技术，为了从源头保护环境，逐渐开始重视发展在生产过程中的清洁工艺和绿色产品。因此，Brawn 和 Wield 提出了绿色技术的概念，开始引起了学界关注。清洁工艺是指，在生产中所采用的可以减少污染产生的先进技术，主要包括使用清洁替代原材料、工艺技术绿色改造、强化内部管理和现场循环利用等；绿色产品是指，在产品消费过程减少对环境的负面影响，包括产品在消费过程以及消费后的残余物及有毒有害物质最少化。[①]

目前国内学者对于绿色技术内涵的界定，较多依据 2019 年 4 月国家发展改革委、科技部联合发布的《关于构建市场导向的绿色技术创新体系

---

① 吕燕、王伟强：《企业绿色技术创新研究》，《科学管理研究》1994 年第 4 期。

的指导意见》，该文件将绿色技术定义为：降低消耗、减少污染、改善生态，促进生态文明建设、实现人与自然和谐共生的先进技术，包括节能环保、清洁生产、清洁能源、生态保护与修复、城乡绿色基础设施、生态农业等领域，涵盖产品设计、生产、消费、回收利用等环节的技术。2020 年12 月，为落实这一指导意见，国家发展改革委办公厅、科技部办公厅、工业和信息化部办公厅、自然资源部办公厅联合印发《绿色技术推广目录（2020）》，列出了绿色技术 116 项，其中节能环保产业 63 项、清洁生产产业 26 项、清洁能源产业 15 项、生态环境产业 4 项、基础设施绿色升级 8项。至此，关于绿色技术的界定已经较为明确。

2. 绿色技术创新

关于绿色技术创新的界定还存在一定分歧，分歧之一体现在表述形式上。目前学术界对绿色技术创新的表述形式多样，包括"环境技术创新"（Environmentally Sound Technology，简称 EST）、"可持续技术创新"（Sustainable Technology Innovation，简称 STI）、"清洁技术创新"、"生态技术创新"等，其中国外学者常用"环境技术创新"，而国内学者目前常用"绿色技术创新"。除此之外，也有国内学者使用"环境技术创新"，"可持续技术创新"，"清洁技术创新"和"生态技术创新"等表述。

本书选择采用绿色技术创新这一表述，主要是基于学术习惯、文化传统、政策环境等因素。知网检索结果显示，目前使用频率最高的概念表述为绿色技术创新，说明这一概念表述最为中国学者所理解和接受。这可能是由于"绿"在汉语中通常给人以绿水青山、环境优美的直观感受，常用于形容资源节约、环境保护。且目前我国关于生态优先、环境保护的政策均使用"绿色"进行表述，如新发展理念中的绿色发展理念、长江经济带生态优先绿色发展的要求等。据此，本书选择采用"绿色技术创新"。但是由于"绿色"一词含义过于宽泛，且以往国内长时期对于环保问题在实践上流于形式，导致人们对于与"绿色"相关的概念在理解上存在新而不实、含糊不清的偏见，要打破这种偏见，就需要对"绿色技术创新"作出清晰的概念界定。

关于绿色技术创新的概念界定可分三个视角：目的论、过程论、系统论。目的论强调绿色技术创新以经济成本最小化和生态负效应最小化为目的。如孙育红等认为绿色技术创新是指在资源环境约束强度增大条件下，能够满足人类绿色需求，减少生产和消费边际外部费用的支撑可持续发展的技术创新；朱容辉等认为绿色技术创新是指通过产生较少潜在有害物质、排放前从排放物中回收有害物质或回收利用生产残留物以降低环境破坏的技术。过程论强调绿色技术创新是将绿色理念贯穿于技术创新整个过程，将绿色理念渗透进过程的各个环节中。如徐学军提出了绿色技术可应用于生产、管理、核算、资源利用、营销、产品开发以及采购物流等环节。系统论认为绿色技术创新是一个完整的系统，包括技术本身以及与新技术范式相适应的新轨迹。杨发明等提出，技术发展是在一定的技术范式规定下沿着一定的技术轨迹进行的，而创新是在规定的轨迹内的一种嵌入行为，绿色技术创新同样也要与一定的选择环境相匹配。这三种视角相互补充，共同组成了绿色技术创新概念内涵的整体。其中，目的论最易理解，但具体到绿色技术的具体界定时，过程论应用得最为普遍，系统论最为全面，可作为过程论的补充。

综合现有研究，本书采用"绿色技术创新"这一表述，借鉴系统论，将"绿色技术创新"界定为，绿色技术在按照既定的绿色技术轨迹演进过程中出现的嵌入行为，这一嵌入行为及其与之相关的环境都称为绿色技术创新。

（二）制造业升级

制造业属于一种产业，制造业升级与产业升级有共通之处，是产业升级的一种特殊形式，关于制造业升级的概念界定可参考产业升级内涵界定的相关研究。但是目前对于产业升级的内涵把握，存在大量分歧。

1. 产业升级

产业升级包括产业整体优化升级，也称为产业深化。Porter首次在全球价值链中引入产业升级的概念，认为升级是产业中企业生产效率不断提高、生产质量不断改善、盈利能力不断提高的过程。Gereffi 认为，产业升级是制造业企业在全球价值链中不断攀升的过程。Poon 认为，产业升级是企业生产的产品由低附加值向高附加值转变的过程。Syrquin 认为，产业升级是指在持续技术创新的支撑下，生产要素的投入比例调整和产业结构的调整，进而使得生产率不断提高的过程。Varum 等基于制造业面板数据的研究结果显示，技术创新有利于提升劳动率，进而促进产业升级。国内学者林桂军和何武认为，装备制造业相关企业要实现升级需要两个前提：能够生产差异化、垄断性的产品；产品价格高于同类产品且能保持市场占有率的增长。随后王柏玲和李慧开始从环境保护的视角，研究产业升级：在总结国内外学者关于产业升级的界定和分类的基础上，认为产业升级是一个以绿色发展为导向，根据宏观环境和要素禀赋动态变化调整要素投入，通过持续技术创新不断提高制造业整体竞争力的过程。

产业升级还包括产业结构优化升级。李刚等用第二产业占比来研究产业升级问题。苏东水、齐亚伟等认为产业结构优化升级是产业结构向合理化和高度化方向不断发展演进的过程。张伟等认为产业体系的升级主要表现在产业结构的升级上。冯俊华等梳理了关于传统制造业转型升级的一系列相关理论，包括产业转移促进技术、劳动、资本等要素和资源在区域中的流动；全球价值链推动制造业转型升级；技术创新促进传统制造业转型升级等。李福柱等认为制造业转型升级是制造业技术水平、产品质量与市场竞争力动态提升的综合过程，生产逐步由低技术状态向高技术状态转变、产品逐渐由低附加值向高附加值转型，这一动态过程中所有转型与升级的效果，最终都会体现在全员劳动生产率的增长上。

2. 制造业升级

本书考察的制造业升级是长江经济带制造业升级，属于特定区域范围内的产业升级状况。区域制造业升级还需结合区域因素，区域产业转型升级是指结合区域经济效益、生态效益和社会效益的最优目标下，根据区域内部的各种要素禀赋特点，遵循产业结构演进规律和产业发展的内在要求进行转型升级。

借鉴上述研究成果，本书将制造业升级界定为，资源节约和环境保护前提下制造业深化和制造业结构升级，最终实现制造业效益提升和竞争力增强的过程。其中，制造业深化侧重制造业整体提升，制造业结构升级侧重结构优化。

（三）长江经济带

1. 长江经济带概念与空间范围

长江经济带是以长江流域为基础，但在空间范围上不完全等同于长江流域的经济区域概念。流域是指由河流的干支流共同组成的，具有"带状"特征的自然集合体。长江流域是由长江干流与支流所流经的区域共同组成，其中长江干流流经青海、西藏、四川、云南、重庆、湖北、湖南、江西、安徽、江苏、上海11个省、自治区、直辖市；数百条支流延伸至贵州、甘肃、陕西、河南、广西、广东、浙江、福建8个省、自治区，流域面积达180万平方千米。[①] 经济带是以河流、道路等交通干线或铁路枢纽为轴线、以城市或企业集群为发展极，具有特定结构、功能、层次，呈条块状分布的经济区域。经济带可能以流域带为基础，也可能以其他形式的交通干线或城市、企业集群等为基础，长江经济带即以长江流域带为基础的经济带。

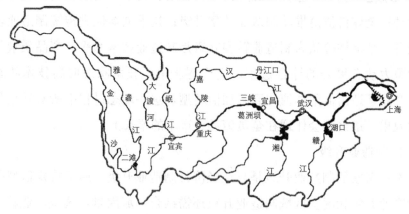

图 0-2　长江流域图

图片来源：长江水利网，http://www.cjw.gov.cn/zjzx/cjyl/lyzs/。

---

① 数据来源：长江水利网，http://www.cjw.gov.cn/zjzx/cjyl/lyzs/。

以长江流域空间范围为基础提出的经济概念有许多，代表性提法如表 0-2 中所示，但关于经济区的具体名称以及空间范围一直存在争议，直至 2014 年 9 月国务院印发《关于依托黄金水道推动长江经济带发展的指导意见》，关于长江经济带的名称及空间范围基本达成一致。

表 0-2　关于长江经济带的不同界定

年份	名称	地理范围	国土面积	提出者
1984	长江沿岸产业带	长江干流沿岸地区，构成"T"型结构的东西向轴带，具体范围模糊	不定	陆大道
1985	长江流域产业密集带			郭振淮及中国生产力经济学研究会
1987	长江沿岸开发轴线	长江口到四川渡口，全长约 3000 千米，南北宽约 50 千米	模糊	陆大道
1992	长江沿岸经济区	沪、苏、浙、皖、赣、鄂、湘、川、黔、滇	10 省市面积之和	国家计委
1993	长江流域经济区	沪、苏、浙、皖、赣、鄂、湘、川、黔、滇、青、藏	180 余万平方米	陈国阶
1994	东中经济区	沪、苏、浙、皖、赣、鄂、湘为第一成员，豫、陕南、川东南为第二成员	模糊	胡序威
1995	长江地区			徐国弟
1997	长江产业带	沪、苏、浙、皖、赣、鄂、湘、川	143.3 平方米	陈雯、虞孝感
1998	长江经济带	沪、苏、浙、淮河以南的安徽地区、赣、鄂、湘、渝、川		郭振淮
2001	长江流域经济协作区	以长江干流的辐射效应为依据，范围变动。以沿长江中下游辐射的范围为长度，以垂直于长江的辐射范围为宽度形成的区域	变动	厉以宁

（续表）

年份	名称	地理范围	国土面积	提出者
2005	长江经济带	沪、苏、皖、赣、鄂、湘、渝、川、滇		交通运输部牵头，沪、苏、皖、赣、鄂、湘、渝、川、滇在北京签订《长江经济带合作协议》
2014	长江经济带	沪、苏、浙、皖、赣、鄂、湘、渝、川、黔、滇		国务院

资料来源：陈修颖：《长江经济带空间结构演化及重组》，《地理学报》2007 年第 12 期。

因此，本书将长江经济带的概念界定为，以长江流域为基础，但在空间范围上又不完全等同于长江流域的经济区域概念，其主要空间范围参照国务院《关于依托黄金水道推动长江经济带发展的指导意见》（国发〔2014〕39 号），包括上海、江苏、浙江、安徽、江西、湖北、湖南、重庆、四川、贵州、云南共 11 个省、直辖市。

2. 本书对长江经济带的区域划分

长江经济带通常可分为长江经济带上游、中游和下游。由于长江经济带空间范围广阔，横跨中国东、中、西部，无论是经济基础、历史文化，还是地理特征、气候条件，均存在较大差异，因此，通常关于长江经济带的研究均将其分为长江经济带上游、中游和下游地区，逐一分析。

长江经济带上、中、下游空间范围的界定不同于长江干流上、中、下游的界定。长江干流上、中、下游的划分主要依据河道特征和流域地形，分界点为宜昌和湖口。按照河道特征和流域地形，长江干流可分为上、中、下游，其中，四川宜宾至湖北宜昌为上游，宜昌至江西湖口为中游，湖口以东为下游。而长江经济带上、中、下游的界定主要依据经济特征和行政区划，长江经济带上游地区包括重庆、四川、贵州、云南；中游地区包括湖南、湖北、江西、安徽；下游地区包括浙江、江苏、上海。

依据传统的长江经济带上、中、下游的划分方法，本书将长江经济带划分为长江三角洲区域、长江经济带中游地区、长江经济带上游地区。长江三角洲区域包括上海、江苏、浙江、安徽；长江经济带中游地区包括江西、湖北、湖南；长江经济带上游地区包括重庆、四川、贵州、云南。本书对于长江经济带三大区域的划分与以往研究中对长江经济带上、中、下游划分的不同之处在于：将安徽省从长江经济带中游省份中划入长江三角洲区域，主要划分依据为2019年12月国务院印发的《长江三角洲区域一体化发展规划纲要》。纲要规定，长江三角洲范围包括上海、江苏、浙江、安徽。鉴于长江三角洲地区在长江经济带发展中的重要地位，本书对长江经济带不同区域的划分首先考虑划分出长江三角洲区域，结合以往对长江经济带中游和上游地区的划分方法，再依次划分出长江经济带中游和上游地区。

表0-3　长江干流以及长江经济带的区域划分及范围界定

	上游地区	中游地区	长江三角洲
长江干流区域划分	宜宾至宜昌	宜昌至湖口	湖口以东
传统长江经济带区域划分	重庆、四川、贵州、云南	安徽、江西、湖北、湖南	上海、江苏、浙江
本书对长江经济带的区域划分	重庆、四川、贵州、云南	江西、湖北、湖南	上海、江苏、浙江、安徽

二、相关理论

本书以可持续发展理论、现代经济增长理论、技术创新理论、产业升级理论为理论基础开展研究。可持续发展理论和现代经济增长理论均强调环境保护、资源节约在经济社会增长和发展中具有重要意义，为本书研究奠定绿色发展的总基调；技术创新理论、产业升级理论为具体研究的开展、理论分析框架的构建提供了理论基础和研究起点。

（一）可持续发展理论

传统发展理论对于经济发展与经济增长的度量一直界定不清，导致在衡量发展程度或发展速度时使用 GDP、GNP 等经济增长的指标。保罗·萨缪尔森在其著作《经济学》中就使用人均国民收入衡量一国的发展水平，并以此为基础定义"发展中国家"。将发展和增长的度量指标相混淆，导致考量发展问题时仅仅以 GDP 或 GNP 为导向，例如我国长期在发展过程中的"唯 GDP 论"。传统发展观以追求 GDP 或 GNP 为国家发展的唯一目的，长此以往，这种唯结果论的发展观将鼓励粗放式增长，导致资源快速消耗、资源代际分配不公、环境污染日益严重、社会福利水平下降等一系列问题。

与传统发展观不同，可持续发展是指在保障社会福利水平不变或改善的条件下，例如解决贫困、收入分配不公等问题的同时，节约资源、改善环境，实现经济社会长期发展。1980 年，国际自然保护联盟发布的《世界自然保护大纲》首次提出"可持续发展"这一概念，随后 1981 年国际自然保护联盟在其制定的《保护地球》中对这一概念做了进一步阐述，认为可持续发展的目的就是要"改进人类的生活质量，同时不要超过支持发展的生态系统的负荷能力"[①]。

可持续发展的提出对传统经济理论——例如传统经济学理论的基石"经济人"假设、衡量资源配置效率的"帕累托最优"理论——提出了挑战。"经济人"假设认为经济当事人是理性的，在决策过程中以追求自身经济利益最大化为目的，并未考虑社会利益以及自然资源的过度消耗、环境污染等问题，然而这一假设会助长经济当事人仅考虑自身经济利益，不考虑由此带来的负外部性以及对后代的负面影响，其事实并不经济。"帕累托最优"理论是指在给定的资源配置条件下，在没有使任何人境况变坏的前提下，使得至少一个人变得更好。要达到这一最优状态需要满足一系列假设条件，如完全竞争市场、没有外部经济效应、交易成本忽略不计等，但在考虑资源环境因素时，外部性因素不得不考虑。

---

① 马传栋：《可持续发展经济学》，中国社会科学出版社 2015 年版，第 2 页。

如何实现可持续发展是对当今经济学提出的新课题，从已有研究可知至少可通过如下途径实现此目的：第一，技术创新。通过对新材料的开发实现对不可再生资源的替代；通过新工艺的使用减少资源消耗、污染物排放；通过新产品的开发，减少消费环节对环境的破坏。第二，资源优化配置。实现既有资源最优利用，保证当前发展水平条件下实现资源消耗最小、环境污染最少；或在既有资源消耗、环境污染水平下实现最高发展水平。产业升级或产业结构升级就是资源优化配置的一种表现形式。

（二）现代经济增长理论

经济增长理论是经济学研究的重点主题，关于经济增长的理论也是处于不断发展演进的状态。学术界关于经济增长理论的演进过程，基本能达成一致意见，认为主要可分为四个阶段：古典经济增长理论；新古典经济增长理论；内生增长理论；现代经济增长理论。关于经济增长源泉的研究，也处于不断发展演进的状态，从早期单要素研究，到多要素研究，再到将技术等外生变量引入内生变量，最后将资源环境考虑进增长模型，深入回答经济增长的源泉。

在内生增长理论的基础上，以科斯为代表的制度经济学学派将制度视为经济增长系统的内生因素并纳入经济增长模型，成为现代经济增长理论的研究起点。诺斯构建了考虑制度因素的经济增长模型，用以分析制度变迁对经济增长的影响机制，并以此解释经济增长的机理问题，从而扩展了内生增长理论的研究范围。20世纪70年代，以梅多斯为代表的罗马俱乐部在《增长的极限》中指出，自然资源的消耗和污染排放的快速增长将导致资源枯竭和环境破坏，进而导致世界的崩溃，引起了许多学者开始研究资源环境变化对经济的影响。因此，人们开始将资源环境因素纳入经济增长模型，试图找到实现产业转型及经济可持续发展的路径。然而，资源环境与产业转型之间的关系十分复杂，大部分研究仅限于理论阐述和统计分析，并未形成系统的理论体系。面对日益严峻的资源环境问题，需要更深入地研究，为实现可持续发展提供理论支持。

（三）技术创新理论

学者们在经济发展过程中重点研究了技术创新的作用。管理学大师熊彼特 1912 年首次提出了"创新理论"，开启了现代创新理论的研究，标志着"技术创新经济学"的诞生。他提出通过新的组合方式引入创新的生产要素和生产工艺，形成了一种"新的生产函数"。根据熊彼特的理论，技术创新主要包括技术创新、技术发明和技术扩散三个方面，涵盖了新技术、新工艺、新产品的研发，以及组织创新、管理创新和市场创新。此后，熊彼特深化了创新的内涵，强调创新是不断破坏旧的经济结构，为新的经济结构让路，从而实现结构红利、技术提升和经济转型升级。"二战"后，受"凯恩斯革命"影响，熊彼特的技术创新理论并未受到重视。然而，传统经济学理论未能很好地解释自 20 世纪 50 年代开始的长达 20 年的经济增长周期，西方学者将其归因于技术创新，进一步促进了技术创新理论的快速发展。

在熊彼特之后，后续的研究者从不同角度探讨了创新理论。熊彼特的"创新理论"产生了两个不同分支，一个分支是技术创新经济学，从技术变革和推广的角度研究创新。门斯认为技术创新可被分为基础创新和改进型创新，并指出了创新的触发条件。在经济陷入危机时，只有新的基础创新才能推动经济走出困境。基础创新带来的技术扩散，以及新产品和新技术的不断涌现，促使经济走出危机，进入新的经济增长周期；在这一阶段，工业投资逐渐达到高峰，基础创新水平达到一定程度，随之出现改进型创新，使经济增长进入平稳发展期。当产业出现结构性问题时，需要进行新一轮的技术创新，以实现产业结构调整和经济新一轮的增长。弗里德曼等人也认为，技术创新和由此带来的先进产业是引发经济波动的主要动力。另一个分支是将创新与制度因素结合，研究制度因素与技术创新、经济效益之间的关系，强调政策制度和环境对经济发展的重要性，进一步形成制度创新经济学。技术创新理论的基本框架是将技术创新内生化，并进一步探讨由技术创新推动的产业结构、市场结构或制度结构等经济结构变迁的过程。

自 20 世纪 90 年代以来，经济的全球化和知识化趋势使人们对创新的重视越发增强。在这一背景下，国家创新系统理论逐渐得到关注。弗里德曼于 1987 年首次提出了国家创新系统的概念，它是由公共部门和私营部门共同构成的技术创新网络系统。这些部门相互影响，推动新技术的开发、运用、引进和扩散。由于技术创新过程充满不确定性，国家创新系统中的战略与制度安排应该具有弹性和灵活性，以为技术创新提供可行和适宜的制度环境。波特对创新的微观个体和宏观主体间联系对国家创新系统的影响进行了考察，他发现企业的创新力是国家创新力的基础。因此，政府部门应该为工业企业创造一个有利于创新、适于创新的政策和制度环境。

（四）产业结构理论

随着产业的发展，产业升级理论也不断发展，主要包括马克思的产业结构升级理论、配第-克拉克定理、库兹涅茨法则、霍夫曼定理、钱纳里"标准结构"理论、罗斯托经济发展阶段论和主导产业理论等。

1. 马克思的产业结构升级理论

马克思的著作中虽未提及"产业结构"一词，但其思想中包含了产业结构升级的概念，这体现在剩余价值理论、资本循环周转理论、社会资本再生产理论和平均利润理论等研究中。例如，在《资本论》第一卷中，马克思介绍了相对剩余价值生产经历的协作、工厂手工业和机器大生产三个阶段，暗含着深刻的产业结构升级思想。马克思关于产业结构的理论主要阐述了产业结构升级促进了社会经济增长和财富增加，同时也推动了社会分工的进步。在《资本论》第二卷中，马克思将社会总生产结构划分为生产资料和消费资料两部分。社会总产品在价值形式上表现为不变资本 c、可变资本 v、剩余价值 m。两大部类的积累和生产规模的扩大相互依赖、互为条件。只有两大部类按生产比例发展，才能实现社会的顺利扩大再生产，这是一切社会化大生产条件下社会总资本运动的共同规律。

产业结构的均衡是整体平衡的基础,只有各个产业按比例进行协调发展,才能保持社会总体的供求基本平衡,从而推动社会再生产的持续进行。产业结构的升级不仅意味着某一部门或产业在规模上的积累,更主要是通过不同资本有机构成的产业结构"级"的逐级推进实现的,而产业结构的升级主要体现在两大部门上,特别是第一部门的新均衡。

马克思的产业结构升级理论指出,技术进步是资本主义产业结构升级的重要前提。在生产方式转变的过程中,技术进步是生产力提升的核心体现。一个行业或部门内新技术的采用或技术的改进都可能推动相关行业或部门的技术进步。产业或部门的技术进步源自工人长期生产带来的专业化水平提高以及生产工具(机器)的专业化和多样化。

新旧产业发展不协调也是导致产业结构升级的原因。在《资本论》第三卷中,马克思重点探讨了社会总资本中平均利润的形成过程。他指出:"不同生产部门由于投入其中的资本量的有机构成不同,会产生极不相同的利润率。但是资本会从利润率较低的部门抽走,投入利润率高的其他部门。通过这种不断的流出和流入,总之,通过资本在不同部门之间根据利润率的升降进行的分配,供求之间就会形成这样一种比例,使不同的生产部门都有相同的平均利润,因而价值也就转化为生产价格。"由于不同生产部门或产业的技术水平、资本有机构成和资本周转速度不同,各部门等量资本所获得的利润也各不相同,这导致资本不断向利润率高的产业或部门流动。另外,资本和劳动力的流动性和灵活性是保证资本和劳动力能够在产业间自由流动的前提条件。资本和劳动力的流动性和灵活性意味着它们可以自由地从一个部门或地点转移到另一个部门或地点,这也是实现平均利润和产业结构升级的必要条件。市场的自由增强了资源配置效率,也使产业结构的升级成为可能。因此,从马克思的产业结构升级理论中可以看出,技术进步和资源配置效率改善是产业结构升级的必备条件,二者相辅相成。

2. 产业结构演进理论

在经济增长的不同阶段，产业结构演进与经济增长密切相关。产业结构不仅能够反映经济增长阶段的特征，还可以推动经济的进一步增长。不同阶段的经济发展，都具有产业结构的典型特点，并且产业结构的演进也遵循一定的规律。经济学家对产业结构的演进有着较为丰富和成熟的研究，其中代表性理论如下：

(1) 配第-克拉克定理

早在 17 世纪，英国经济学家威廉·配第在研究国民收入与产业结构时，发现了各国经济增长中产业结构变动与国民收入水平差异的关系。他在著作《政治算术》中指出，"制造业的收益高于农业，而商业的收益又高于制造业"。他观察发现，在荷兰，从事制造业和商业的人口的比例较高，导致该国人均国民收入较其他欧洲国家更高。同时，在同一国家内，不同产业内的劳动者的人均收入存在差异，比如英国运输业中的船员的人均收入是农业生产中的农民的 4 倍。劳动力不断从低收入的产业向高收入的产业转移，从而造成不同产业间收入差异的现象。基于这一发现，配第总结认为，从事商业的劳动者的收入高于从事工业劳动者的收入，而从事工业劳动者的收入高于从事农业劳动者的收入。这一发现为后来研究产业结构演进奠定了基础。

在配第的基础上，费希尔进一步提出了三次产业分类法。费希尔于 1935 年首次提出划分三类产业的依据：主要基于人类社会的发展与生产。另外，克拉克在《经济进步的条件》中以劳动力比重作为分析产业结构的指标，在配第的研究基础上总结了 40 多个国家和地区历史上三次产业的劳动投入产出，并提出了配第-克拉克定理。克拉克认为，不同的经济增长阶段，劳动力在不同产业中比重的变动是由不同产业收入差异带来的。这一结论扩展并印证了配第的观点，解释了不同经济增长时期各产业劳动力比重的变动与演变规律。

（2）库兹涅茨法则

美国经济学家库兹涅茨基于克拉克等人的研究，将 57 个国家和地区按人均国内生产总值分为 8 组，计算每组国家的农业部门（A 部门）、工业部门（I 部门）和服务业部门（S 部门）在国内生产总值和劳动就业结构中的比例差异，推导出了比较劳动生产率。进一步运用比较劳动生产率研究产业结构演进规律，库兹涅茨根据随人均国内生产总值变化而变化的产业结构得出了库兹涅茨法则。该法则包括三个基本内容：首先，随着人均 GDP 水平的提高，农业在国民经济中的地位逐渐下降，不仅表现为农业产值在整体产值结构中的相对比重下降，还表现为农业劳动力就业比重在整体就业比重中的下降；其次，工业部门在产业结构中会逐渐占据主导地位，工业产值结构和就业结构的比重都会迅速提高；最后，随着国民收入的提升，服务业成为产值结构和就业结构中占比最大的第三产业。随着国民生产总值的增长，第三产业的在产业结构和就业结构中的占比都会快速提升，成为劳动力就业的主要产业。库兹涅茨的研究从产值结构和劳动力结构两方面分析了产业结构升级的规律，揭示了产业结构变动的总方向，改变了之前仅依据国民收入或劳动力转移对三次产业变动的分析方式。

（3）霍夫曼定理

在当代经济增长过程中，一个国家的三次产业结构变化与工业化进程息息相关。霍夫曼于 1931 年提出了霍夫曼比例这一概念，根据消费资料工业增加值与资本资料工业增加值的比值，将国家的工业化分成了四个不同的发展阶段。霍夫曼定理揭示了工业化进程中制造业内部结构的变化规律，认为工业化进程将由轻工业主导逐渐演化为由重工业主导。然而，霍夫曼对工业化的划分仍存在一定的局限性：一方面，他只是单方面地将工业分为消费资料工业和资本资料工业，划分方法并不完善；另一方面，将工业内部比例作为代表工业化阶段的指标也较为片面。

（4）钱纳里的"标准结构"理论

在克拉克和库兹涅茨的研究基础上，美国经济学家钱纳里等人在1971年提出了多国产业结构的标准形式。通过对101个国家的统计数据进行综合分析，钱纳里构建了"世界发展模型"，并计算得出了经济发展不同阶段所具有的经济结构的标准数值，即钱纳里"标准结构"。钱纳里的"标准结构"延续了克拉克研究的产值结构和就业结构衡量产业结构的方法。随着经济发展阶段的变化，不同的经济结构相应呈现出不同特征，钱纳里提出的产业结构标准化进一步细化了库兹涅茨的标准划分，更准确地反映了产业结构的演进过程。

（5）罗斯托经济发展阶段论和主导产业理论

关于区域产业结构的升级，我们还应该关注美国经济学家罗斯托提出的经济发展六阶段理论和主导产业理论。罗斯托的经济发展阶段理论是最有代表性的阶段理论之一。通过对各国历史发展的事实进行研究，罗斯托采用非总量的部门分析方法，试图揭示一国经济成长中一些特殊部门的作用动态。他不仅提出了经济成长的六个阶段，而且在技术标准上，对推动阶段性演进的主导部门及其更替的特性，以及在产业间的扩散效应作了规范解释。

罗斯托在其1960年的著作《经济成长的阶段》中指出，每个国家的经济发展都经历着各种不同的阶段。这些阶段包括传统社会阶段、为起飞创造条件阶段、起飞阶段、向成熟推进阶段和大众高额消费阶段。而在他1971年所著的《政治和成长阶段》一书中，罗斯托还新增了第六个发展阶段——追求生活质量阶段。这六个阶段中，第一阶段是传统农业社会，第六阶段则是后工业社会。其余的四个阶段则属于经典的经济现代化过程。他指出，起飞阶段是经济摆脱不发达状态的关键阶段，具有决定性意义，意味着生产方式急剧改变，标志着工业化和经济发展的开端。他还认为，从起飞阶段开始通常只需短短二三十年便可进入向成熟推进阶段。

经济发展可分为六个阶段，并由罗斯托提出的主导产业理论进行支撑。最早提出主导产业概念的是美国经济学家赫希曼，后来罗斯托对主导产业进行了明确而系统的研究。他首先运用了部门总量的分析方法，研究并得出了经济成长阶段的依次更替与经济部门重要性的依次变化之间的关系的结论。在《经济成长的阶段》一书中，罗斯托根据对西方国家经济发展史的研究指出，在任何特定期间，国民经济不同部门的增长率存在着广泛的差异。在这个过程中，整体经济增长的速率在很大程度上是某些关键部门的迅速增长所产生的直接或间接效应。他认为，在众多产业中，每个成长阶段都有相应的主导产业，能够主导其他部门的经济增长。罗斯托指出，主导产业不仅本身增长迅速，还能带动其他部门的经济增长，因此经济成长阶段的更替可以通过主导部门序列的变化来体现。主导产业是指能够借助科技进步或创新获取新的生产函数，能够通过快速的、不合比例的增长带动其他相关产业快速发展的产业或产业集群。其主要特点是：具有高创新率，能够迅速引入技术创新或制度创新；具有高速增长的潜力，其增长率高于整个经济的增长率；具有强大的带动其他产业发展的潜力，即具有较高的"扩散效应"。

根据罗斯托的理论可以看出，主导产业是能够较多吸收先进技术，面对大幅度增长的需求，自身保持较高增长速度并对其他产业的发展具有较强带动作用的产业部门。

|第四节| 国内外文献述评

根据研究思路和框架，本书从"技术创新影响产业升级"、"绿色技术创新影响产业升级"和"长江经济带制造业升级"三方面对文献展开研究和述评，为绿色技术创新影响长江经济带制造业升级提供理论基础和方法借鉴。

一、关于技术创新影响产业升级

在影响产业升级的众多因素中，技术创新是推动产业结构变动的最主要因素之一，是产业结构演进的根本动力；傅家骥也认为，技术创新是推动产业结构升级的核心因素，没有技术创新，就没有产业结构的演变。

早期理论研究已经意识到技术创新对产业升级的重要作用，如霍夫曼通过对工业内部资本品和消费品的比较，认为技术差异和不同投入产出比导致资本品工业优先发展。筱原三代平认为，技术变动会促进产业结构改善。阿伯纳西等提出的著名 A - U 模型，证明了企业创新导致了产业内多样化竞争以及产业格局的形成和演进。安德森等通过构造技术变革循环模型来分析不同类型的技术创新与产业升级的对应关系，认为技术间断和主导技术出现推动了产业升级。

目前，国内学者也对技术创新与产业升级间的关系作了大量研究。江洪具体分析了自主创新影响产业结构的路径：自主创新通过提高劳动生产率，从而影响产业相对成本的变动，通过投资效应促进生产要素在不同产业间的流动，推动产业结构优化升级；自主创新也可以通过开发新技术、新产品，改变需求结构，拉动产业优化升级；公路等基础设施对提高自主创新能力和促进产业优化升级有较大影响。李豫新等认为技术创新会导致比较劳动生产率的不同，进而导致生产要素从比较劳动生产率低的生产部门向比较劳动生产率高的生产部门转移，从而推动产业结构升级。实证研究证明经济发展、技术创新会导致总收入持续增加，因而对特定商品（如奢侈品）的需求会发生变动，导致需求收入弹性发生变化，最终导致产业结构变动，即通过实证研究证明了技术创新通过影响需求结构和提高劳动生产率从而改变产业结构。姜泽华认为技术进步对产业结构升级的作用可表现为：技术进步不断开拓新的生产技术和形成新产业；推动传统产业的技术改造；技术进步在产业间发展不平衡，导致产业优胜劣汰，推动产业结构的更新换代。梁树广总结以往研究成果，认为技术创新会通过提高国际竞争力、要素流入等方式带动产业发展，改造传统产业。王姝楠等认为未来 30 年，新一代信息技术依然是经济增长的主要动力，数字经济将推动传统产业向创新驱动转变、向智能制造转变、向"大平台＋小企业"转变。

总而言之，技术创新对产业升级的影响路径可概括为，技术创新通过影响需求结构、供给结构等因素影响一国产业结构。技术创新对需求结构的影响包括：产品成本下降，价格下降，需求总量变化；资源消耗弹性下降，可替代资源增加。技术创新对供给结构的影响包括：社会劳动生产率的提高，从而导致产业分工的加深；推动先进产业的出现，产业结构不断向高级化发展；新的生产方式改变了原有资源禀赋决定的比较优势，改变了国际竞争格局。

二、关于绿色技术创新影响产业升级

（一）关于绿色技术创新

目前国内外关于绿色技术创新的研究主要集中于探讨绿色技术创新的必要性，对绿色技术创新机制的描述，对绿色技术创新实现路径和发展对策的论述。

关于绿色技术创新必要性的探讨主要包括，技术绿色化转向是根除传统技术环境负效应的需要，技术绿色化转向是克服传统技术创新单一价值取向的需要，技术绿色化转向是科学精神与人文精神融合创新的需要。技术创新是一把"双刃剑"，一方面可以推进经济社会快速发展，另一方面技术创新对资源、环境和生态的负面影响也不容忽视。巴里·康芒纳认为，人类生活在两个世界中，一是与所有生物共同居住的"生物圈"，二是人类自己创造的"技术圈"。生物圈成员之间是协调共生的关系，但是技术圈的各个组成部分则是一个线性过程。目前，技术圈已经强大到能够主宰生物圈的程度。传统技术创新是服务传统经济发展的，但是传统技术创新会带来生态危机和人的"非人化"等问题，例如巴西、伊朗等国出现的"有增长而无发展"的现象。① 绿色技术创新是科学精神和人文精神沟通和融合的结果，科学精神追求理性、实事求是，人文精神则注重价值，注重为人类的发展提供正确的方向。科学精神与人文精神具有互补性，二者共同构成完整的人类活动。但是随着近代科学的兴起，人文科学逐渐被自然科学所改写。科学精神与人文精神日益分离并尖锐对立，这既不利于两者的发展，也不利于人类社会的发展。

对于绿色技术创新机制方面的研究主要是从制度层面研究绿色技术创新的动力机制、运行机制。关于绿色技术创新动力机制的研究较为丰富。雷善玉等以扎根理论为基础，构建了"技术-情境-创新"动力机制模型，其研究结果表明，技术能力是环保企业绿色技术创新的直接驱动因素，而企业文化、市场导向、政府政策与行为是对"技术-创新"关系具有调节作用的情境因素，其中，企业文化是内部情境因素，市场导向、政府政策与行为是外部情境因素，三者共同调节"技术-创新"关系强度。郑晙智从企业绿色创新与扩散中存在的问题出发，探求绿色技术创新与扩散动力机制，其研究发现，企业绿色技术创新与扩散中存在的问题有，绿色技术创新意愿不足、创新水平低下、路径依赖形成和主体格局不均衡、高等教育未能实现有效的跨学科融合，在此基础上，具体分析绿色技术对企业创新动力的影响。黄磊等采用空间杜宾模型 SDM 探究长江经济带城市绿色技术创新效率的内在驱动机制，其研究结果表明，经济发展、政府支持、产业结构高级化是直接提升长江经济带城市绿色技术创新能力的主导力量，是绿色技术创新的核心驱动力量。关于绿色技术创新的运行机制，焦长勇认为，要完善企业绿色技术创新的决策机制、绿色企业界面管理机制、绿色技术创新的资金循环机制和信息开发管理机制。钟晖等分别从政

---

① 联合国在《1996年人类发展报告》中指出了5种"有增长而无发展"的情况，即无工作的增长、无声的增长、无情的增长、无根的增长和无未来的增长。

府、企业、科研机构等方面来研究绿色技术创新机制，强调需要强化法律规范手段，制定绿色技术创新的专利保护制度，注重市场本身的利润驱动机制，并加强企业自身对绿色技术创新的认识和发展，加强科研机构与企业的横向联合。

绿色技术创新实现路径和发展对策方面的研究主要包括深化绿色技术创新理论，培育绿色技术创新主体，完善绿色技术创新制度，营造良好的绿色技术创新环境。陈彬认为，实施可持续发展战略，走绿色技术创新道路，必须打破传统思维方式，以一种全新的创新理念，大力开展绿色技术创新，树立新的生态意识，确立"污染预防"的环境意识。荣诚强调，要实现绿色技术创新，必须首先培育绿色创新主体。绿色技术创新涉及技术和管理两个层次，无论哪一种创新活动都要通过经济社会的基本单元——企业来实施，因此政府应通过一系列政策引导企业绿色技术创新的顺利进行。彭福扬等认为，必须大力推进与绿色技术创新相适应的制度创新，包括建立全面的技术创新评估制度、合理的利益分配调整制度、有利于绿色技术创新的发展制度等。余敬等认为，要促进绿色技术创新，必须营造良好的绿色技术创新环境。企业绿色技术创新环境可分为内部环境和外部环境，内部环境包括企业目标、科技力量、管理方式、组织结构等，外部环境主要涉及政策、科技、社会公德、经济核算和生态环境等因素。

（二）关于绿色技术创新影响产业升级

绿色技术创新影响产业升级的研究还不多，广义来看，可持续发展视角下技术创新影响产业升级的研究都可借鉴。可持续发展视角下技术创新对产业升级的影响与传统视角下技术创新影响制造业升级问题的不同点在于，考虑了生态环境因素，具体表现为：第一，技术创新的内涵，传统视角下技术创新的目的是提高生产效率，而考虑生态环境因素的技术创新不仅要考虑生产效率，还需要以资源节约和环境保护为前提；二者的共同点在于提高企业或产业的竞争力。第二，制造业升级的内涵，传统视角下制造业从低级向高级状态的演进过程体现为企业或产业利润增加、竞争力提高，而可持续发展视角下的制造业升级，企业竞争力还体现为考虑了环境效益和社会效益下的综合竞争力。

目前研究已经意识到要实现当前产业发展中经济目标与环境目标相统一，必须转变发展方式，且技术创新是重要的转型方式之一，但是并没有明确提出绿色技术创新，有些研究直接提出技术创新，有些虽然在含义上表明是绿色技术创新，但具体概念使用上依然采用技术创新。具体分析绿色技术创新对产业升级影响机理的研究不多。

本书以制造业升级或产业升级加绿色、低碳、可持续为关键词在知网中搜索 CSSCI 中引用率较高的文献进行分析，搜索结果发现考虑到环境因素的产业升级或制造业升级多与环境规制、资源型产业绿色转型相关。研究环境规制与产业升级关系的文献多基于"波特假说"理论，将技术创新作为中介变量，重点分析环境规制对技术创新的影响，较少详细分析技术创新对产业升级的影响机理，如肖兴志等。

在影响资源型产业转型升级的主要因素考察中，技术创新依然是重要因素，例如王小雨等将影响内蒙古资源型产业转型升级的因素分为内外驱动因素，外部驱动因素包括技术、市场、政府，内部驱动因素包括利润和企业家创新精神，最终得出技术创新是产业升级的主要驱动因素。李树人等认为资源型城市转型的本质在于发展接续产业和替代产业，要摆脱对资源型产业的依赖，最终靠技术创新。李烨等考察了资源型产业转型升级的驱动因素，将驱动因素分为外部、情景和内部三个方面，重点剖析创新驱动因素与产业转型升级的耦合机制，并以贵州省磷化工业为例，采用层次分析法对影响因素进行实证分析，最终结论也显示技术创新是影响产业转型升级的关键因素。

潘为华等构建了中国制造业转型升级的发展评价指标体系，包含了质量效益、创新能力、信息技术和绿色发展四个方面，结论显示影响中国制造业转型升级的主要因素是创新能力。王昀等将技术创新作为中介变量之一，探讨政府补贴对工业转型升级的理论机制，并且将产业升级分为提高工业增加值、节约能源消耗和减少污染排放三个方面，扩展了产业升级内涵。贺丹认为生态创新可以通过诱发先进产业成长、提升传统产业技术含量和生态效益来推动产业结构升级，实现了包含生态环境效益目标的产业结构优化。董直庆等研究表明，如果要保持我国现阶段的技术进步方向不变，环境质量和经济产出将难以实现相容发展，只有转变技术进步方向，全面采用绿色或清洁技术，环境质量和经济增长才能实现共生发展。

三、关于长江经济带制造业升级

（一）关于长江经济带产业升级

国外关于长江经济带经济发展方面的文章很少，主要是研究长江流域的生态环境，如洪涝灾害、生物多样性等。

而20世纪90年代以来，我国学者在长江经济带发展上的研究成果比较丰富，众多学者从不同角度展开了研究。一是在空间结构差异方面。陈修颖认为空间互补的前提是各区域在经济发展阶段和产业结构上的差异性，区域之间通达性的高低取决于网络的发展水平，同时，区域之间的空间竞争越激烈，介入机会就越多，两者成正比关系。于涛方等运用"核心-边缘"理论，对长江经济带的区域结构和重构基本特征与规律进行了定量分析，并预测了发展区域。彭劲松采用定量方法对长江经济带41个城市的综合竞争力及构成进行了模型分析。空间结构相关的区域经济差异方面，沈玉芳等运用G. 迈达尔的回程效果理论，提出解决长江经济带经济发展不平衡的建议。邱婧认为中心城市的发展与变迁是反映区域整体发展水平的重要标志。二是在区域合作方面。范建伟等从空间经济联系和结构形态的角度出发，通过实证研究，认为长江流域内存在一个完整的大区域经济单元，区域内部空间差异明显，具有互补性。唐路元从长江经济带中上游各省（市）地区资源禀赋相似和经济发展、生产技术水平差距的特点出发，借鉴新国际贸易理论，从理论和实际结合的角度论证了中西部合作的可能性。三是在可持续发展方面。王合生等提出发展外向经济，加强区域合作，构筑上中下协调发展的农业支撑系统，加强港口和航道整治，加强环境治理等。

长江经济带产业发展方面，罗蓉提出推进产业升级，促进产业转移，并优化产业布局是长江经济带统筹发展的重要路径。邓玲、黄泓分别从资源开发、农业发展、协调发展模式和机制创新的角度出发研究长江经济带产业发展问题。在实证方面，黄庆华等通过建立 SSM 模型对长江经济带三次产业结构演变特征及原因进行了分析。吴传清等研究了长江经济带全要素生产率演变趋势及成因。孙智君等通过构建指标体系，综合评估长江经济带的新型工业化水平。

从产业结构研究的区域范围来看，研究长江经济带整体产业结构的文章还较少，主要集中在长三角、长江上游地区或者集中于某些城市群。张跃等分析了 2000—2017 年长江经济带产业结构优化升级的地区差异和空间收敛性，研究发现长江经济带产业结构优化升级呈现明显的空间非均衡性，东西方向的非均衡性大于南北方向；产业结构优化升级水平呈现东—中—西梯度递减格局，东、中、西地区均呈现"中心-外围"空间分布特征。李强等分析了城市蔓延与长江经济带产业升级的关系。闫海洲对长三角江浙沪三地产业结构高级化变动进行了分析，实证发展科技创新和政府规模对于产业机构高级化有正向作用。孙红玲认为促进制造业产需平衡是长株潭城市群"两型社会"改革建设的关键，同时应依托城市群推进制造业升级和现代服务业发展。

（二）关于长江经济带制造业升级

新中国成立以来，经过几十年的奋斗和努力，我国成为全世界唯一拥有联合国产业分类中所列全部工业门类的国家，打造了全球制造业基地，成就了"中国制造"。随着"中国制造"在全球重要性不断提升，关于"中国制造"的研究成果也不断涌现，长江经济带作为我国重要的制造业集聚区，也引起学者们的关注。目前关于长江经济带制造业的研究多出自国内学者，集中于制造业集聚状况、制造业与生产性服务业关系、产业分工与协作、制造业与物流业、制造业布局、制造业绿色发展，等等。

对于制造业产业集聚状况的研究。孙智君等采用综合赋权法，测度2003—2012年长江经济带11个省市总体及分区域新型工业化水平。其研究结果显示，上海、江苏、浙江和重庆处于新型工业化高级阶段，其他省市均处于新型工业化中级阶段。吴传清等采用空间基尼系数指数测度长江经济带工业集聚水平，继而采用空间计量经济学方法实证分析长江经济带工业集聚影响因素。其研究结果显示，长江经济带工业集聚水平较高，且各地区基本形成产业优势互补发展格局。彭智敏等运用区位商和产业集聚指数对长江经济带各省市制造业进行了测度。研究发现，下游地区加工贸易类行业呈高集聚状态，而中上游地区资源禀赋类行业优势明显，各区域均培育出一些具有明显地域特色的传统优势类行业。

关于制造业产业分工布局的研究中，罗蓉根据长江经济带产业门类齐全和地区间产业发展不平衡的现状，认为长江经济带具有从整体上协调发展的特点。石清华运用产业专业化分析了长江经济带各地制造业产业的同质化现象。其研究结果显示，长江经济带产业同质化严重，产业布局优化十分必要。薛漫天提出为优化长江经济带制造业布局，应注重顶层设计与制度建设；加大财政投入，提升区域交通体系；利用资本手段推动制造业布局优化调整。

从国内学者对长江经济带制造业升级的研究成果可以看出，目前长江经济带制造业集聚、制造业与生产性服务业是研究热点，关于长江经济带制造业绿色发展的文献相对较少，关于长江经济带制造业升级的文献更少。基于制造业升级在长江经济带经济支撑带、生态保护示范带等作用发挥中所起的重要作用，研究区域制造业升级十分必要。

四、文献述评

从上述研究可知，"绿色技术创新""制造业升级""长江经济带"均是目前的研究热点，尤其是"绿色技术创新"的成果迅速增加，但是目前的研究还存在以下问题：

第一，部分研究并不区分技术创新与绿色技术创新。虽然在可持续发展视角下的产业升级问题研究中证明了技术创新的重要性，但将二者区分开来，深入探讨技术创新与绿色技术创新区别与联系的文献还不够丰富。

第二，实证研究方法还有待改进。技术创新对区域产业升级影响的实证检验研究，经历了从普通计量到空间计量的发展，且空间面板计量模型的使用逐渐增加，空间计量方法的使用也经历了从静态面板模型到动态面板模型的发展，目前关于技术创新与产业升级的研究多使用静态空间面板模型。但技术创新往往具有"干中学"效应以及受以往因素的影响，仅仅采用静态面板模型解释力还不够。

第三，绿色技术创新影响产业升级的内在理论机制研究不够。在考虑环境因素的技术创新和制造业升级问题研究中，多数研究绿色技术创新的动力机制，例如环境规制与制造业的绿色创新、FDI 与绿色技术创新，或者研究绿色技术创新对制造业增加值的影响。但在考虑环境因素的条件下，鲜有文献分析技术创新影响制造业绿色转型升级的内在理论机制，实证研究中也仅将技术创新作为众多影响因素之一进行考察。考察绿色技术创新对产业升级影响机制的文献几乎没有。

|第五节| 创新点与存在不足

一、创新之处

（一）理论分析框架创新

本书主要的理论创新点在于分析框架及对具体影响机理的分析。第一，研究框架的创新。依据产业生命周期理论和产业结构理论，将可持续发展背景下制造业升级的影响因素分为直接因素和间接因素，分析绿色技术创新对制造业升级的直接作用机理和间接作用机理。第二，间接作用机理分析中提出"经济增长效应"和"成本替代效应"概念，为绿色技术创新与产业升级相关研究作出边际理论贡献。"经济增长效应"是指随着经济水平和收入水平的提升，总需求及需求结构所产生的变化；"成本替代效应"是指绿色环保制造业生产成本下降，对使用传统技术高成本制造业产生的替代影响。

（二）研究方法创新

第一，采用中介效应模型对"经济增长效应"和"成本替代效应"进行了量化，使得绿色技术创新对长江经济带制造业升级的间接促进影响更加直观具体。第二，使用空间面板计量模型对长江经济带制造业升级的直接促进作用进行检验时，使用三种空间矩阵——空间邻接矩阵、空间距离矩阵和空间经济距离矩阵，使得检验更加全面丰富。

（三）研究对象创新

研究对象的创新主要体现在长江经济带制造业及研究资料的创新上。第一，长江经济带制造业升级的研究较少，目前关于长江经济带产业发展，或者工业发展的研究较多，但是关于长江经济带制造业发展的研究并不丰富，特别是系统梳理长江经济带制造业的发展历程、发展现状以及面临的问题的研究很少；第二，关于长江经济带制造业的数据资料也较少，可得数据多集中在国家层面或工业层面，关于长江经济带制造业及其细分行业的数据获取有一定难度。因此，本书通过从 EPS 数据库、国泰安数据库、WIND 数据库、各统计年鉴整理得到部分年份和行业的长江经济带制造业分行业分地区数据，初步构建起长江经济带制造业的数据库，丰富了长江经济带制造业研究资料。

二、存在不足

长江经济带制造业升级不仅对区域发展有利，还有助于实现中国经济增长方式转型，推动中国高质量发展。因此，对于长江经济带制造业升级的研究颇有意义。现有研究大多肯定技术创新在产业发展中的重要作用，但是随着环境问题日益严重、环保意识的觉醒，不管是政策层面的外在约束，还是市场结构发生变化引致的内在动力，都对产业发展方向提出了新要求，产业升级的内涵也随之改变。传统产业升级仅考虑经济效益，而当今产业升级要求经济效益与环境效益并重。因此，传统技术创新的弊端开始显现，仅考虑经济效益而不考虑环境效益的技术创新，如塑料的发明，对当今的产业升级是无效的，此时，绿色技术创新显得尤为重要。而对于绿色技术创新影响产业升级内在机理的研究还较少，可借鉴的文献资料也较少，因此本书的研究还处于探索阶段，存在许多不足：

第一，理论分析部分区域特点还有待进一步挖掘。本书研究目的在于为长江经济带制造业升级提供借鉴。本书结合长江经济带区域特点，提炼出了长江经济带制造业发展存在的问题，结合长江经济带大保护的特点，制造业升级侧重可持续发展背景下的制造业升级，并进行了理论分析，但是长江经济带的区域环境是在不断变化的，因此，对于区域特点的提炼也应与时俱进。

第二，样本数据的行业细分度受限。由于分析对象为长江经济带制造业，因此所需数据基本为长江经济带各省、直辖市的制造业数据，当前统计资料中分地区分行业的数据较难收集。因此，本书在实证研究中采用的多为长江经济带各省、直辖市的制造业相关数据，样本期间多选择2012—2016年期间，数据不够新；部分指标的衡量使用分地区工业数据替代，因此还不够准确细致。在今后对长江经济带制造业的研究中，可以考虑收集地市层面、制造业细分行业的数据，研究结果会更加细致准确、更具实际意义。

第一章

长江经济带制造业发展历程、现状与问题

本章详细分析了长江经济带制造业发展的前世今生，梳理从新中国成立初期至今长江经济带制造业发展历程，并依据发展特点对发展历程进行阶段划分，凸显长江经济带制造业目前所处发展阶段；进一步分析长江经济带制造业整体发展态势，并分地区分行业分析其发展现状，从中可看出长江经济带制造业总体呈现规模大、创新能力不断增强、国际竞争力不断提升的态势，但是地区间和行业间差异较大，因此后续研究存在分地区分行业分析的必要性；在此基础上，对长江经济带制造业发展中存在的问题进行详细分析，得出长江经济带亟须转型升级的结论。

|第一节| 长江经济带制造业的发展历程

根据长江经济带制造业整体发展状况可将其发展过程分为五个阶段，分别为：夯实基础阶段：1949—1978 年；复苏调整阶段：1979—1992 年；快速发展阶段：1993—2000 年；迅猛扩张阶段：2001—2011 年；转型升级阶段：2012 年至今。

一、夯实基础阶段：1949—1978 年

新中国成立初期，工业体系极不完备，现代工业占工农业总产值比重为 26.6%。[①] 毛泽东曾形象地说："现在我们能造什么？能造桌子椅子，能造茶碗茶壶，能种粮食，还能磨成面粉，还能造纸，但是，一辆汽车、一架飞机、一辆坦克、一辆拖拉机都不能造。"[②] 随着社会主义改造结束，进入了如火如荼的社会主义建设时期。在这一时期，"国民经济的第一个五年计划"的完成、大三线建设的推进等为新中国建立起了较为完整的国民经济体系，特别是工业体系。1956 年全国工业增加值为 225.2 亿元，1978 年我国工业增加值为 1621.5 亿元，年均涨幅 28.18%。

在长江经济带内的四川、贵州、云南以及湖北和湖南等地区成为三线建设的重点区域。这一时期，许多制造业企业在这些地区落户，为这些地区的制造能力发展奠定了基础。制造业的发展也为后来的发展积累了宝贵经验。取得了诸多成就，其中湖北的十堰汽车厂、四川的大足汽车厂、四川德阳的第二重型机械厂等都具有代表性。同时，一些新的制造业中心相继形成，如包括四川、贵州、云南在内的西南机械制造业基地；包括鄂西、湘西、豫西在内的华中地区新的机械制造业中心；成都地区也成为先进技术的中心和高、精、尖产品的生产基地。特别值得一提的是，四川省在这一时期取得了巨大进步，在全国制造业中占有重要地位。例如，1957 年，四川省各类机床拥有量达 12.4 万台，占当年全国机床拥有量的 6.5%；其中，大型机床和精密机床的占比分别为 8.6% 和 9.1%。此外，湖北、重庆、贵州等地区也在这一时期建立了相当程度的制造业基础。

尽管这个时期的建设为长江经济带制造业发展奠定了坚实基础，特别是为上中游省份夯实了制造业基础，提升了生产能力，但由于缺乏经验，

[①] 胡绳：《中国共产党的七十年》，中共党史出版社 1991 年版，第 304—305 页。
[②] 《毛泽东文集》第六卷，人民出版社 1999 年版，第 329 页。

再加上特殊时代背景的限制，从长期看，长江经济带区域内制造业的发展仍有改进的空间。首先，在区域范围内，制造业发展不够均衡，上中游地区发展迅速，但对下游尤其是沿海地区的投资不足，直接影响了下游地区传统制造业企业和传统制造业基地的技术改造，不利于发挥沿海原有的制造业生产能力。其次，在行业结构方面，制造业发展也存在不均衡，当时重视国防部门和重型制造业，而与人们生活息息相关的生活类产品的制造业能力相对较弱。

总而言之，这一时期长江经济带制造业发展虽然存在区域内和制造业行业内部不均衡问题，但也取得了较多成就，形成了一些制造业中心，为以后制造业的发展奠定了基础。

二、复苏调整阶段：1979—1992 年

"以经济建设为中心"成为全党的工作重心，在党的十一届三中全会上得到了确立。随着新中国进入改革开放时期，国家开始对外开放发展，同时进行内部改革。外部开放政策为长江经济带的制造业发展创造了有利条件；而内部改革包括经济体制、国有企业、集体企业、乡镇企业等的系统改革调整，对长江经济带的制造业发展也产生了重要影响。在外部开放和内部改革的大背景下，长江经济带的制造业发展进入了复苏调整阶段。

1984 年 4 月，党中央、国务院在总结对外开放实践经验的基础上，决定进一步开放天津、上海、大连、秦皇岛、烟台、青岛、连云港、南通、宁波、温州、福州、广州、湛江和北海 14 个沿海城市和海南行政区。其中上海、南通、宁波、温州均位于长江经济带下游地区，促进了长江经济带制造业的开放发展。

针对产业结构方面"生产性产品"生产过多，而生活资料和消费品相对匮乏的问题，1979 年 4 月，中央经济工作会议强调了对工业结构的调整，适当控制重工业比重，重点发展轻工业。经过对制造业整体产业结构的调整，下游工业产值由 59.78% 上升到 65.73%，中上游地区由 40.22%

下降到 34.27%。这一转变改变了 20 世纪 60 年代中期以后制造业过于向中西部地区集中的状况，同时也满足了社会生产力发展的需求。

经过产业结构方面的改革和调整，取得了以下成就：国有工业企业的比重下降，集体工业企业的比重上升，个体工业企业和其他经济类型工业企业的比重也有所增加，特别是农村乡镇制造业有了迅速发展，呈现出异军突起的态势。同时，在企业改革方面，对外开放和经济体制改革迈出了重要的步伐，整体呈现出了市场化的趋势。以四川省为例，在 1978 年第四季度，四川省率先在 6 个地方国营工业企业进行改革试点。这些改革举措为四川省工业企业注入了前所未有的活力，取得了显著的经济效果。工业增加值和主要产品迅速增加，职工平均工资从 597 元增加到 955 元，实际平均工资增长了 33.2%。

针对产业布局方面存在的主要问题也进行了调整，产业布局方面存在的主要问题，在于上中下游制造业布局不合理和不均衡。具体体现在，最初在 20 世纪 60 年代，工业布局片面强调"以战备为中心"，到了 20 世纪 70 年代初期，又主张各个地区建立独立完整的工业体系，这导致制造业布局一直处于不合理状态。具体表现为，沿海地区的制造业未能得到有效改造，导致制造业基础雄厚的优势无法充分发挥；同时在 20 世纪 60、70 年代新建的三线地区的制造业点分散、基础设施落后，生产能力不配套，因此生产能力得不到发挥。在调整期间，首先调整了制造业布局指导思想，确立了以提高经济效益为中心，发挥优势、扬长避短的原则，并根据各地的自然条件、资源状况、现有生产力水平和地区内在的经济联系，确定了制造业发展的战略和步骤。对于我国制造业基础雄厚、科学技术和文化教育水平较高的沿海制造业基地，着重加强技术改造，采用先进技术，改造传统制造业，开拓先进产业，使沿海制造业向消耗能源和原材料少的技术密集型产业发展。对中部地区，根据该地区丰富的能源资源条件，大力加强能源基地建设，以便为本地区和东部地区提供更多生产原材料；通过产业改组、联合和布点的调整，提高地区制造业的综合生产能力，充分发挥军工科研力量集中的优势。对于经济不发达的上游地区，要充分了解资源情况，打好基础，为今后大规模开发西南地区做好准备；立足本地资源，加快发展具有本地特色的初级加工。总之，整个制造业布局的调整已经初见成效，并促进了制造业的发展。

总而言之，这一时期党和国家的工作重点转移到社会主义经济建设上来，制造业发展贯彻实事求是、量力而行的原则，不急于求成。长江经济带区域内制造业企业中，国有企业扮演了主力军，同时乡镇企业和外商投资企业也快速发展，消费品企业发展迅速，生活消费品供给量增加且品种日益丰富。这一时期轻工业制造和重工业制造实现协调发展，制造业能力进一步增强。

三、快速发展阶段：1993—2000 年

在邓小平南方谈话后，中国的经济开放程度进一步提升。长江经济带进一步开放，特别是在沿海地区的浙江、江苏和上海，经济活力也得到了显著的增强。外商直接投资的增加以及民营企业的快速发展都推动了制造业蓬勃发展。长江经济带东部具有开放的独特区位优势，特别是下游的上海、江苏和浙江地区，受到经济政策和对外开放政策的影响，民营企业蓬勃发展，制造业也逐渐向高技术和先进化发展。在这一时期，为了满足国内消费者对多样化产品的需求，我国企业开始引进国外的制造业和消费品的设计与制造技术，制造业企业，特别是服装、饮料和家电等行业企业因此也得到了迅速发展。

三资企业（中外合资企业、中外合作经营企业、外商独资企业）在1993 年至 2000 年迎来了快速发展的时期。这一发展势头得益于多重有利条件的持续推动。首先，1992 年初邓小平南方谈话后带来的政策环境的宽松，为三资企业创造了发展的有利条件。其次，在党的十五大之后，三资企业不再只是被视为社会主义经济的有益补充，而是被纳入社会主义经济的重要组成部分，从而开辟了广阔的发展空间。再次，亚洲国家在 1997

年相继发生了金融危机，尽管对中国经济产生了重大影响，但中国在承诺人民币不贬值并向一些国家提供资金援助的情况下，经济仍然保持了稳定和高速增长，为"三资"企业持续高速发展创造了有利条件。最后，自1996年以来，我国不断调整利用外资政策，促进了"三资"企业的发展和壮大。

这一时期，在开放的政策环境下，在外资开始进入的带动下，长江经济带制造业出现快速发展的态势。主要表现有：第一，初步形成了以社会主义公有制为主体、多种所有制共同发展的基本格局。党的十一届三中全会以后，逐步推行了社会主义公有制为主体的多种所有制共同发展的方针，到2000年，经过22年的发展，这种共同发展的基本格局已经初步形成，就长江经济带而言，在全部国有及规模以上工业总产值中，国有及控股企业占47.3%、集体企业占13.8%、私营企业占2.1%、"三资"企业占27.3%、混合所有制企业（包括股份制）占11.8%。同时，现代企业制度、宏观调控体制和对外开放的总体格局已经初步形成，尤其是长江经济带下游区域。第二，制造业的固定资产投资取得了重大进展，1992年长江经济带工业固定资产投资为715.95亿元，2000年增长到2120.7亿元。随着固定资产投资的增长，工业新增固定资产和新增生产能力也有巨大增长，有一大批技术水平先进的大中型项目建成投产。第三，制造业持续高速增长。1992—2000年主要制造业产品产量，除自行车和缝纫机等少数产品产量下降以外，均有很大增长。第四，制造业产业结构升级也取得重要进展。高技术产业有了很大发展，比重上升。

总体而言，长江经济带制造业在这一时期得到了快速发展，制造业企业数、总产值不断增加，产业结构也发生改变，高技术制造业占比不断增加，对外开放程度也不断提升。

四、迅猛扩张阶段：2001—2011年

2001年12月，中国成功加入世界贸易组织，这对中国制造业的影响

是巨大的，使得中国制造业成功融入全球制造业体系，中国制造的产品进入全球制造业市场，有了进一步扩大开放的平台。作为制造业的重要集聚地，长江经济带这一时期受外资大量进入的影响，制造业产品出口量也迅速增加。

这一时期，长江经济带制造业呈现迅猛发展的态势，主要表现为制造业增加值飞速增长、制造业新增生产能力显著增长、制造业固定资产投资大幅上升、制造业的自动创新能力不断增强、制造业产业结构不断优化。具体表现为：第一，这一时期长江经济带制造业增加值由 2001 年的 19931.8 亿元增长到 2011 年的 91570.8 亿元，其间许多制造业产品，尤其是高技术产业产品迅猛增长，传统产业方面也获得飞速发展。第二，制造业新增生产能力，特别是拥有高技术的制造业生产能力显著增长。第三，长江经济带制造业固定资产投资以及与之相联系的制造业新增固定资产和生产能力都有大幅增长，从 2001 年到 2011 年，长江经济带固定资产投资由 4120.7 亿元增长到 69119.6 亿元，制造业新增固定资产由 5058.2 亿元增长到 47928.9 亿元。第四，制造业的自主创新能力也不断增强，区域内规模以上制造业企业，有研发活动的企业在企业总数中占比由 6.2% 上升到 11.5%，研发经费支出占主营业务收入的比重由 0.56% 上升到 0.71%。第五，制造业产业结构优化升级加快，主要标志是：高技术产业产值占制造业总产值的比重不断增加；制造业工业化与信息化的融合进一步深化；生产性服务业在区域内占比迅速上升；淘汰落后产能。文化产业与制造业的融合迅速发展，这也是现代化条件下制造业产业结构优化的一个重要方面，尤其是在有着优秀传统文化的条件下，优秀传统文化成为促进制造业发展的一个重要因素。

总而言之，在中国加入世贸组织的背景下，长江经济带制造业开始迅猛扩张，规模不断扩大。

五、转型升级阶段：2012 年至今

2011 年我国制造业增加值排名世界第一以后，开始逐渐思考如何向创

新驱动、绿色环保的高质量制造业转型。2015年5月，国务院出台的《中国制造2025》提出，加快制造业转型升级，提升制造业核心竞争力，大力推动信息技术、高档数控机床和机器人、航空航天等十大重点领域突破发展，大幅提升制造业整体素质、建设制造强国。

随着长江经济带战略的提出以及将其与"京津冀协同发展""一带一路"并称为国家三大战略，关于长江经济带的政策文件不断增加，尤其是针对长江经济带制造业高质量发展方面的政策文件，更促进了区域制造业的绿色发展和转型升级。国家层面的政策文件包括，2017年11月，国家发展改革委出台的《增强制造业核心竞争力三年行动计划（2018—2020年)》，要求坚持质量优先的发展原则，对当前国家制造业发展重点进行系统布局；2018年9月，中央全面深化改革委员会第四次会议审议通过《关于推动高质量发展的意见》，提出要着力构建长江经济带制造业高质量发展评价标准和绩效考核体系，保障推动长江经济带高质量发展政策落地；2019年10月，工信部出台《关于加快培育共享制造新模式新业态　促进制造业高质量发展的指导意见》，指明了长江经济带制造业高质量发展的一种新型业态途径——通过发展共享制造业有利于增强长江经济带传统制造业创新活力，培育壮大长江经济带制造业绿色新动能；除此以外，还有《长江经济带创新驱动产业转型升级方案》《关于加强长江经济带制造业绿色发展的指导意见》《长江经济带生态保护规划》等政策文件。长江经济带沿线省市层面也出台了一系列推动制造业高质量发展的政策文件，分别为上海市7项、江苏省7项、浙江省10项、安徽省5项、江西省7项、湖南省6项、湖北省9项、重庆市9项、四川省5项、贵州省3项、云南省6项。这些政策文件既为这一时期长江经济带制造业的发展创造了转型升级的有利条件，也使存在问题的制造业发展面临着严峻的挑战。

总体而言，虽然这一时期长江经济带制造业转型升级趋势明显，但传统产业总体体量还是较大，战略性先进产业发展迅速，区域内制造业与服务业融合趋势明显。

|第二节| 长江经济带制造业发展现状

长江经济带制造业总体发展态势较好，但是区域和行业间差距较大。总体规模不断扩大、科技创新能力不断提升、国际竞争力也不断增强，但是上中游和不同类型的制造业行业间差距较大。

一、总体发展态势较好

长江经济带就其整体发展态势而言，呈现产业规模不断扩大、科技创新能力不断提升、国际竞争力逐渐增强的特点。

（一）产业规模不断扩大

长江经济带制造业门类较为齐全，根据 2017 年版《国民经济行业分类》中对三次产业分类的规定，制造业主要包括：农副食品加工制造业，食品制造业，酒、饮料和精制茶制造业，烟草制品业，纺织业，纺织服装、服饰业，皮革、毛皮、羽毛及其制品和制鞋业，木材加工和木、竹、藤、棕、草制品业，家具制造业，造纸和纸制品业，印刷和记录媒介复制业，文教、工美、体育和娱乐用品制造业，石油、煤炭及其他燃料加工业，化学原料和化学制品制造业，医药制造业，化学纤维制造业，橡胶和塑料制品业，非金属矿物制品业，黑色金属冶炼和压延加工制造业，有色金属冶炼和压延加工制造业，金属制品业，通用设备制造业，专用设备制造业，汽车制造业，铁路、船舶、航空航天和其他运输设备制造业，电气机械和器材制造业，计算机、通信和其他电子设备制造业，仪器仪表制造业，其他制造业，废弃资源综合利用业，金属制品、机械和设备修理业。这 31 个细分行业在长江经济带 11 省市均有分布。且制造业总体规模呈不断扩大趋势，从表1-1以及图1-1、图1-2可以看出，长江经济带制造业的主营业务收入逐年增加，固定资产投资规模也在逐年扩大。

表1-1　长江经济带制造业主营业务收入和固定资产投资情况

单位：万亿元

年份	2013	2014	2015	2016	2017
主营业务收入	35.24	41.45	43.44	44.49	46.22
固定资产投资	6.37	7.13	7.98	8.48	9.18

资料来源：长江经济带各省市统计年鉴(2014—2018)。

　　为了更直观地感受长江经济带制造业主营业务收入的变化情况，本书将2013—2017年长江经济带制造业的主营业务收入情况绘制成图1-1。图1-2表示的是长江经济带制造业的固定资产投资情况，可以看出2013—2017年，长江经济带制造业固定资产投资的规模是在逐年增加的，且增加趋势明显。

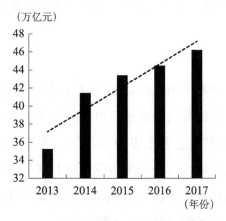

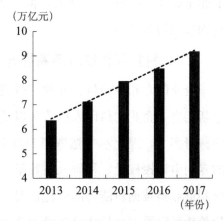

图1-1　长江经济带制造业主营业务收入　　图1-2　长江经济带制造业固定资产投资情况

　　长江经济带由于横跨我国东中西部，各地经济发展情况、资源禀赋、产业基础等差异较大，因此制造业在各地的布局和发展情况也不同，为了详细分析长江经济带不同区域的制造业规模，本书分别分析长江三角洲、长江经济带中游和长江经济带上游这三个区域的制造业主营业务收入情况和固定资产投资情况。

表1-2　2013—2017年长江经济带三大区域制造业主营业务收入和固定资产投资情况

单位：万亿元

		2013	2014	2015	2016	2017
长江三角洲	主营业务收入	24.28	25.41	26.74	28.25	27.85
	固定资产投资	3.18	3.53	3.9	4.18	4.46
中游地区	主营业务收入	5.76	9.96	10.03	11.19	11.02
	固定资产投资	2.14	2.45	2.8	2.85	3.15
上游地区	主营业务收入	5.2	6.08	6.67	5.05	7.35
	固定资产投资	1.04	1.15	1.28	1.44	1.57

资料来源：长江经济带各省市统计年鉴(2013—2017)。

从表1-2可以看出，长江经济带三大区域制造业的主营业务收入大体呈增长趋势，其中长三角区域制造业的主营业务收入明显高于长江经济带中游区域，中游区域制造业的主营业务收入又明显高于上游区域，说明制造业在三大区域间的发展差距巨大；三大区域间制造业的固定资产投资情况亦是如此，虽然差距巨大，但三大区域在2013—2017年的固定资产投资均呈现增长态势。

（二）科技创新能力不断提升

企业的专利申请量、专利获得量、专利申请授权量等可以反映其科技创新能力，企业的科研人员数量以及研发的投入经费也可以反映一个企业的科研实力，因此本书选取了长江经济带制造业上市公司2015—2018年的专利申请授权量、科研人员数量以及科研投入金额等指标观察长江经济带制造业科技创新能力的变化情况，具体数据如表1-3所示。从数据的变化趋势可以看出，长江经济带制造业的科技创新能力在不断增强。

表1-3　2015—2018年长江经济带制造业上市公司专利申请授权数、科研人员数量以及科研投入金额情况

年份	2015	2016	2017	2018
专利申请授权数（个）	5056	9630	11634	11666
科研人员数量（人）	339871	391993	464865	518938
科研投入金额（亿元）	1056.39	1281.33	1632.37	2107.21

资料来源：国泰安数据库(CSMAR)。

从表1-3中可以看出，2015—2018年长江经济带制造业上市企业的专利申请授权数、科研人员数量以及科研投入金额均逐年递增。为了更加清晰地看出这种变化趋势，本书将以上指标数据绘制成图1-3、图1-4、图1-5。从图中可以看出，三个指标基本呈上升趋势，且上升幅度较大，由此可以看出，长江经济带制造业的科技创新能力是在不断增强的。

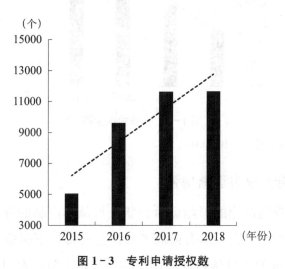

图1-3 专利申请授权数

数据来源：国泰安数据库（CSMAR）。

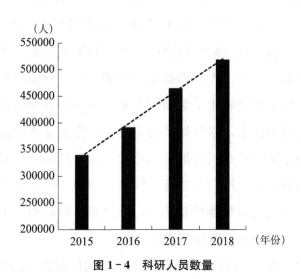

图1-4 科研人员数量

数据来源：国泰安数据库（CSMAR）。

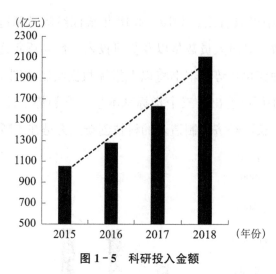

图 1 - 5　科研投入金额

数据来源：国泰安数据库（CSMAR）。

（三）国际竞争力逐渐增强

长江经济带制造业的国际竞争力状况可从其产品的进出口额进行考察，考虑到数据可得性，本书选取了长江经济带以下制造业产业 2012—2016 年第四季度的出口额和进出口总额作为观察值：农副食品加工制造业，食品制造业，酒、饮料和精制茶制造业，烟草制品业，纺织业，纺织服装、服饰业，皮革、毛皮、羽毛及其制品和制鞋业，木材加工和木、竹、藤、棕、草制品业，家具制造业，造纸和纸制品业，印刷和记录媒介复制业，文教、工美、体育和娱乐用品制造业，石油、炼焦及核燃料加工制造业，化学原料和化学制品制造业，医药制造业，化学纤维制造业，橡胶和塑料制品业，非金属矿物制品业，黑色金属冶炼和压延加工制造业，有色金属冶炼和压延加工制造业，金属制品业，通用设备制造业，专用设备制造业，汽车制造业，铁路、船舶、航空航天和其他运输设备制造业，电气机械和器材制造业，计算机、通信和其他电子设备制造业，仪器仪表制造业，其他制造业。

从表 1 - 4、表 1 - 5 可以看出长江三角洲地区制造业的出口额和进出口总额远远高于长江经济带其他区域，上游地区高于中游地区，说明上游地区制造业产品在国际市场上有一定的竞争力；2015—2016 年出口总额和进出口总额呈下降趋势，说明长江经济带制造业亟须转型升级，提高在国际市场的竞争力。

表 1-4 2012—2016 年第四季度长江经济带制造业出口额

单位：亿美元

年份	2012	2013	2014	2015	2016
长江三角洲	1433.75	1523.82	1616.98	1589.48	1570.61
中游地区	123.11	146.69	190.37	212.15	161.08
上游地区	183.7	183.7	183.7	183.7	183.7
长江经济带	1740.56	1854.21	1991.05	1985.33	1915.39

资料来源：根据 EPS 数据平台中国行业贸易数据库整理所得。

表 1-5 2012—2016 年第四季度长江经济带制造业进出口总额

单位：亿美元

年份	2012	2013	2014	2015	2016
长江三角洲	3039.15	3211.05	3280.9	3147.83	3147.56
中游地区	175.55	198.49	260.22	294.09	232.31
上游地区	269.03	368.12	369.31	289.82	311.32
长江经济带	3483.72	3777.66	3910.43	3731.73	3691.2

资料来源：根据 EPS 数据平台中国行业贸易数据库整理所得。

二、地区间差异较大

长江经济带包含九省二市，受历史、地理、社会政策环境等因素的影响，制造业的布局和发展极不平衡，有必要分地区进行分析。

（一）长江三角洲地区

根据数据可得性，本书选择 2016 年制造业规模以上制造业企业销售产值为研究对象，列举部分行业观察长三角区域内制造业的分布情况。表 1-6 列出了制造业部分细分行业的销售产值及其占全国制造业规模以上制造业企业销售产值的比重情况。

表1-6　2016年长江三角洲地区制造业规模以上制造业企业销售产值及全国占比

制造业细分行业	销售产值（亿元）	全国占比（%）
农副食品加工制造业	9656.37	14.02
食品制造业	3010.57	12.79
酒、饮料和精制茶制造业	2419.05	12.71
烟草制品业	2262.08	25.54
纺织业	14227.9	35.32
纺织服装、服饰业	8427.1	35.61
皮革、毛皮、羽毛及其制品和制鞋业	3155.21	20.77
木材加工和木、竹、藤、棕、草制品业	3868.72	25.59
家具制造业	2079.32	23.56
造纸和纸制品业	3618.42	24.39
印刷和记录媒介复制业	1956.61	23.92
文教、工美、体育和娱乐用品制造业	4659.37	27.57
石油加工、炼焦和核燃料加工制造业	4880.99	14.32
化学原料和化学制品制造业	27742.62	31.97
医药制造业	6644.89	23.38
化学纤维制造业	5335.88	67.72
橡胶和塑料制品业	8413.46	25.68
非金属矿物制品业	10086.09	16
黑色金属冶炼和压延加工制造业	14044.83	23.27
有色金属冶炼和压延加工制造业	9008.83	18.43
金属制品业	11032.33	28.05
通用设备制造业	18065.81	37.37
专用设备制造业	10763.56	28.57
汽车制造业	21102.67	26.23
铁路、船舶、航空航天和其他运输设备制造业	6250.04	30.8
电气机械和器材制造业	30888.67	41.65
计算机、通信和其他电子设备制造业	29441.1	29.9
仪器仪表制造业	5067.68	53.68
其他制造业	799.71	28.24

资料来源：根据 EPS 数据平台整理所得。

从图1-6可以更清晰地看出长三角地区制造业细分行业的销售产值情况，从占全国销售产值比重可以看出该行业在该地区的布局情况，占全国比重排名前十的产业为：化学纤维制造业，仪器仪表制造业，电气机械和器材制造业，通用设备制造业，纺织服装、服饰业，纺织业，化学原料和化学制品制造业，铁路、船舶、航空航天和其他运输设备制造业，计算机、通信和其他电子设备制造业、专用设备制造业。可见，长江三角洲地区布局的制造业多为高技术产业、大型装备制造业等，对资金和技术要求较高。其中化学纤维制造业规模以上企业销售产值占全国的比重高达67.72%，仪器仪表制造业所占比重高达53.68%，说明这些行业在长江三角洲地区的布局很集中。

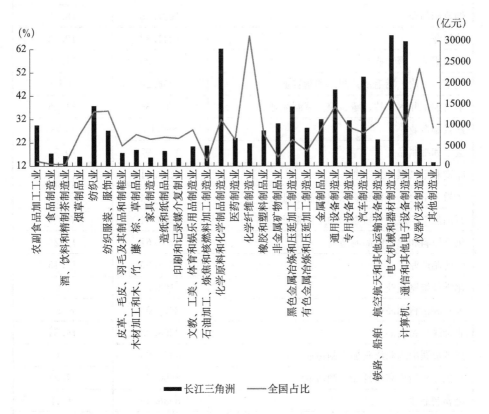

图1-6　长江三角洲地区制造业细分行业规模以上企业销售产值及全国占比情况

数据来源：根据 EPS 数据平台中国制造业经济数据库整理所得。

（二）长江经济带中游地区

表1-7详细列出了长江经济带中游地区江西省、湖北省、湖南省三省的制造业部分细分行业规模以上企业销售产值及全国占比情况，从图1-7的柱状图和折线图能更直观地看出中游地区不同制造业行业的销售产值和在全国所占比重情况。

表1-7　2016年长江经济带中游地区制造业规模以上企业销售产值及全国占比

制造业细分行业	销售产值（亿元）	全国占比（%）
农副食品加工制造业	10537.13	15.3
食品制造业	3036.72	12.9
酒、饮料和精制茶制造业	2955.82	15.53
烟草制品业	1627.55	18.38
纺织业	4241.87	10.53
纺织服装、服饰业	2779.26	11.74
皮革、毛皮、羽毛及其制品和制鞋业	1366.26	8.99
木材加工和木、竹、藤、棕、草制品业	1702.54	11.26
家具制造业	880.83	9.98
造纸和纸制品业	1626.97	10.97
印刷和记录媒介复制业	1149.41	14.05
文教、工美、体育和娱乐用品制造业	1185.04	7.01
石油加工、炼焦和核燃料加工制造业	1966.64	5.77
化学原料和化学制品制造业	9793.61	11.28
医药制造业	3538.07	12.45
化学纤维制造业	194.2	2.46
橡胶和塑料制品业	2677.04	8.17
非金属矿物制品业	9358.23	14.84
黑色金属冶炼和压延加工制造业	4423.86	7.33
有色金属冶炼和压延加工制造业	8460.61	17.31
金属制品业	3636.49	9.24
通用设备制造业	3897.12	8.06
专用设备制造业	4601.78	12.22

（续表）

制造业细分行业	销售产值（亿元）	全国占比（％）
汽车制造业	9858.94	12.26
铁路、船舶、航空航天和其他运输设备制造业	1871.71	9.22
电气机械和器材制造业	6811.35	9.18
计算机、通信和其他电子设备制造业	6611.02	6.71
仪器仪表制造业	581.62	6.16
其他制造业	414.11	14.62

资料来源：根据 EPS 数据平台整理所得。

总体看，长江经济带中游三省制造业在全国所占比重不高，销售产值全国占比均在 20％以下。从产业布局的结构来看，排名前十位的有：烟草制品业，有色金属冶炼和压延加工制造业，酒、饮料和精制茶制造业，农副食品加工制造业，非金属矿物制品业，其他制造业，印刷和记录媒介复制业，食品制造业，医药制造业，汽车制造业。其中，排名第一的为烟草制品业，说明中游地区制造业布局以传统产业为主，根据《第一次全国污染源普查方案》中对污染产业的划分，其中有色金属冶炼和压延加工制造业、农副食品加工制造业、非金属矿物制品业均属于高污染行业。因此，长江经济带中游地区制造业产业布局亟须调整。

（三）长江经济带上游地区

长江经济带上游四省市重庆市、四川省、贵州省和云南省的制造业规模以上企业销售产值以及全国占比情况显示在表 1-8 和图 1-8 中。总体看来，长江经济带上游四省市制造业占全国的比重不高，大部分行业规模以上企业销售产值占全国比重均在 10％以下。从制造业结构看，不同制造业发展差距较大，其中烟草制品业，酒、饮料和精制茶制造业规模以上企业销售产值占全国的比重为 24.74％和 23.56％；其次，铁路、船舶、航空航天和其他运输设备制造业，汽车制造业所占比重为 11.83％和 10.65；其他制造业行业所占比重均低于 10％。排名前十的其他制造业行业还有：其他制造业，医药制造业，印刷和记录媒介复制

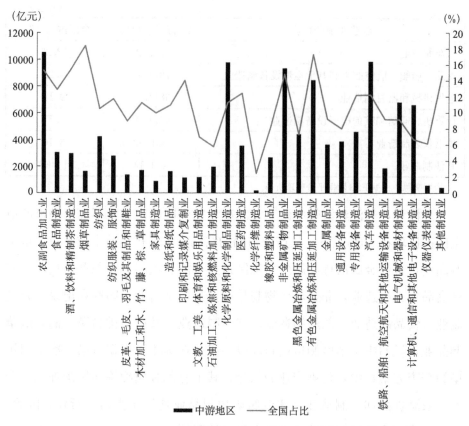

图 1-7 2016 年长江经济带中游地区制造业规模以上企业销售产值及全国占比

数据来源：根据 EPS 数据平台中国制造业经济数据库整理所得。

业，计算机、通信和其他电子设备制造业，家具制造业。可以看出，上游不同制造业间的发展差距较大，以传统制造业为主，高技术制造业、战略性先进产业也占有一席之地。

表 1-8 2016 年长江经济带上游地区制造业规模以上企业销售产值及全国占比

制造业细分行业	销售产值（亿元）	全国占比（%）
农副食品加工业	5100.47	7.41
食品制造业	1735.17	7.37
酒、饮料和精制茶制造业	4484.45	23.56
烟草制品业	2190.5	24.74

（续表）

制造业细分行业	销售产值（亿元）	全国占比（%）
纺织业	1216.44	3.02
纺织服装、服饰业	462.27	1.95
皮革、毛皮、羽毛及其制品和制鞋业	577.41	3.8
木材加工和木、竹、藤、棕、草制品业	740.97	4.9
家具制造业	685.42	7.77
造纸和纸制品业	965.55	6.51
印刷和记录媒介复制业	713.72	8.73
文教、工美、体育和娱乐用品制造业	421.82	2.5
石油加工、炼焦和核燃料加工制造业	1142.57	3.35
化学原料和化学制品制造业	5391.75	6.21
医药制造业	2616.84	9.21
化学纤维制造业	259.32	3.29
橡胶和塑料制品业	1936.15	5.91
非金属矿物制品业	6152.47	9.76
黑色金属冶炼和压延加工制造业	4014.74	6.65
有色金属冶炼和压延加工制造业	3308.18	6.77
金属制品业	2128.94	5.41
通用设备制造业	3080.22	6.37
专用设备制造业	2085.89	5.54
汽车制造业	8568.15	10.65
铁路、船舶、航空航天和其他运输设备制造业	2400.78	11.83
电气机械和器材制造业	2983.77	4.02
计算机、通信和其他电子设备制造业	8421.66	8.55
仪器仪表制造业	333.1	3.53
其他制造业	275.43	9.72

资料来源：根据 EPS 数据平台中国制造业经济数据库整理所得。

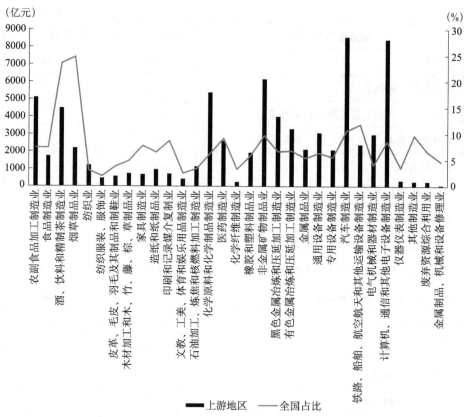

图1-8 2016年长江经济带上游地区制造业规模以上企业销售产值及全国占比

数据来源：根据 EPS 数据平台整理所得。

从分地区分析情况来看，长江经济带三大区域制造业的发展差距较大，产业规模、创新能力、细分行业的占比情况均存在较大差异。因此在后续研究中，有必要分区域进行详细分析，如对制造业升级状况的测度等。同时也说明长江经济带制造业发展存在区域异质性，实证研究中也需要剔除空间异质性因素的影响。

三、行业间各具特点

（一）高技术产业

根据国家统计局对高技术产业（制造业）的分类，高技术产业包括医药制造业，航空、航天器及设备制造业，电子及通信设备制造业，计算机及办公设备制造业，医疗仪器设备及仪器仪表制造业，信息化学品制造业等共 6 大类。高技术产业代表的是清洁高技术含量的产业，其发展状况代表了制造业整体先进程度，代表产业及地区科技创新实力、转型升级基础。从长江经济带 11 省市高技术产业发展状况可以看出区域内高技术产业的总体发展状况良好，规模不断扩大、创新能力不断增强。

从表 1-9 可以看出长江经济带高技术产业主营业务收入整体呈增加趋势，分地区来看，三大区域的高技术产业规模也呈扩大趋势，11 省市只有上海的高技术产业主营业务收入 2016 年降低，其他省份均逐年增加。

表 1-9　2012—2016 年长江经济带 11 省市高技术产业主营业务收入

单位：亿元

年份		2012	2013	2014	2015	2016
长江三角洲	上海	7051.6	6823.43	7056.89	7213.01	7010.18
	江苏	22863.6	24854	26113.9	28530.17	30707.9
	浙江	3976.9	4360.13	4792.42	5288.07	5885.16
	安徽	1460.00	1831.38	2533.04	3064.15	3587.57
	总量	35352.1	37868.94	40496.25	44095.4	47190.81
中游地区	江西	1856.7	2289.59	2611.88	3318.12	3913.6
	湖北	2027.3	2445.27	2948.05	3655.11	4211.88
	湖南	1880.7	2564.89	2834.39	3280.24	3661.29
	总量	5764.7	7299.75	8394.32	10253.47	11786.77
上游地区	重庆	1883.4	2624.23	3433.66	4028.81	4896.03
	四川	3962.1	5160.45	5486.61	5171.71	5994.38
	贵州	342.9	372.04	566.33	806.91	1007.76
	云南	239.4	291.12	312.07	349.96	462.1
	总量	6427.8	8447.84	9798.67	10357.39	12360.27
长江经济带		47544.6	53616.53	58689.24	64706.26	71337.85

资料来源：《中国高技术产业统计年鉴》（2013—2017）。

为了更直观地感受长江经济带及三大区域间的高技术产业主营业务收入的变化情况，笔者绘制数据图如下。图 1-9 为长江经济带 2012—2016

年高技术产业主营业务收入，图1-10为2012—2016年长江经济带三大区域的高技术产业主营业务收入。从图1-9可以看出长江经济带高技术产业主营业务收入增长较快，说明规模不断扩大；从图1-10可以看出三大区域高技术产业的主营业务收入均呈增长趋势，长三角地区的高技术产业主营业务收入明显高于长江经济带中游和上游地区。

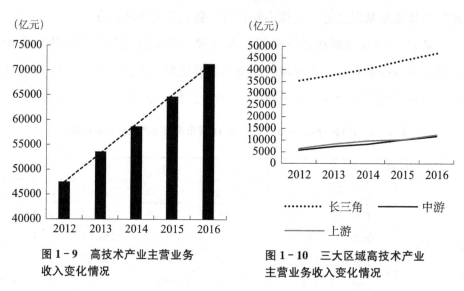

图1-9　高技术产业主营业务
收入变化情况

图1-10　三大区域高技术产业
主营业务收入变化情况

资料来源：《中国高技术产业统计年鉴》（2013—2017）。

　　为了更直观地了解长江经济带以及长江经济带各区域间高技术产业规模大小，笔者将长江经济带各地区的高技术产业主营业务收入在全国高技术产业主营业务收入的占比情况绘制成表1-10。从表1-10可以看出长江经济带高技术产业主营业务收入占全国的比重均在46%以上，可见长江经济带高技术产业规模大，在全国产业发展中的引领带动作用强。同时高技术产业的布局又具有较大的区域集聚特点，长江三角洲区域高技术产业主营业务收入占全国比重均在30%以上，长江中游和上游地区占比较小，但长江三角洲区域在全国占比呈下降趋势，中游和上游地区则增长较快，特别是上游地区，说明三大区域间高技术产业的发展呈协调发展趋势。

表 1－10　2012—2016 年长江经济带 11 省市高技术产业主营业务收入全国占比情况

单位:%

年份		2012	2013	2014	2015	2016
长江 三角洲	上海	6.89	5.88	5.54	5.15	4.56
	江苏	22.35	21.42	20.5	20.38	19.97
	浙江	3.89	3.76	3.76	3.75	3.83
	安徽	1.43	1.58	1.99	2.19	2.33
	总量	34.56	32.64	31.79	31.47	30.69
中游地区	江西	1.82	1.97	2.05	2.37	2.54
	湖北	1.98	2.11	2.31	2.61	2.74
	湖南	1.84		2.23	2.34	2.38
	总量	5.64	6.29	6.59	7.32	7.66
上游地区	重庆	1.84	2.26	2.7	2.88	3.18
	四川	3.87	4.45	4.31	3.69	3.9
	贵州	0.34	0.32	0.44	0.58	0.66
	云南	0.23	0.25	0.25	0.25	0.3
	总量	6.28	7.28	7.7	7.4	8.04
长江经济带		46.48	46.21	46.08	46.19	46.39

资料来源:《中国高技术产业统计年鉴》(2013—2017)。

(二) 战略性新兴产业

战略性新兴产业是以重大技术突破和重大发展需求为基础,对经济社会全局和长远发展具有重大引领带动作用的,知识技术密集、物质资源消耗少、成长潜力大、综合效益好的产业,其发展状况关系到区域产业发展的先进性、绿色环保程度、科技创新程度。国家统计局 2012 年对战略性新兴产业的分类为:节能环保产业,新一代信息技术产业,生物产业,高端设备制造业产业,新能源产业,新材料产业,新能源汽车。2018 年公布的《战略性新兴产业分类 (2018)》对原有分类标准作了调整,新增了数字创意产业和相关服务业这两大产业。由于本书可得数据最新为 2017 年,因此对战略性新兴产业的分类还按照 2012 年的标准,共为七大产业。目前关于战略性新兴产业的统计资料还较少,本书使用 2016 年的战略性新兴产业数据进行分析。①

国内战略性新兴产业发明专利申请公开量排名前十省市分别为江苏（4.3万件）、广东（3.6万件）、北京（3万件）、山东（2.9万件）、安徽（2.5万件）、浙江（1.9万件）、上海（1.5万件）、四川（1.2万件）、广西（1万件）、湖北（0.8万件），同比增幅最快的是浙江，达到29.6%，其次为安徽，达到28.4%。其中有六个省市位于长江经济带区域内。

国内战略性新兴产业发明专利授权量排名前十位的为北京（1.6万件）、广东（1.4万件）、江苏（1.2万件）、山东（0.8万件）、上海（0.7万件）、浙江（0.7万件）、安徽（0.5万件）、四川（0.3万件）、台湾（0.3万件）、湖北（0.3万件），其中同比增幅较大的为安徽，达到60.8%。其中有六个省市位于长江经济带区域内。

国内战略性新兴产业有效发明专利拥有量中，长江经济带各省份拥有量情况为：上海（31789件）、江苏（48922件）、浙江（27154件）、安徽（12931件）、江西（3053件）、湖北（11552件）、湖南（9428件）、重庆（5665件）、四川（13488件）、贵州（2610件）、云南（3722件），全国总量为410964件。长江经济带11省市战略性新兴产业的有效发明专利拥有量占了全国的41.44%，增速最快的为安徽，达到了42.9%。

从战略性新兴产业的专利情况可以看出，长江经济带战略性新兴产业在全国的战略性新兴产业发展中的地位较高，且区域内战略性新兴产业的发展势头强劲。从表1-11可以清晰地看出长江经济带各省市战略性新兴产业相对全国而言的比较优势产业。

表1-11　长江经济带各省市优势战略性新兴产业

省份	优势产业
上海	新一代信息技术、高端装备制造、新能源、新材料、新能源汽车

---

① 资料来源于国家知识产权局《2017年专利统计简报》，https://www.cnipa.gov.cn/2018-02/20180201162451945374.pdf。

（续表）

省份	优势产业
江苏	新能源、新材料
浙江	无
安徽	新材料、新能源汽车
江西	节能环保
湖北	高端装备制造、新能源汽车
湖南	节能环保、高端装备制造、新能源汽车
重庆	生物、新能源汽车
四川	节能环保
贵州	节能环保、生物
云南	节能环保、生物、新能源

（三）高耗能行业

国家统计局发布的国民经济和社会发展统计公报中，"六大高耗能行业"是指：石油加工、炼焦和核燃料加工制造业，化学原料和化学制品制造业，非金属矿物制品业，黑色金属冶炼和压延加工制造业，有色金属冶炼和压延加工制造业，电力热力的生产和供应业。其中，电力热力的生产与供应业不属于制造业，不属于本书的研究重点，因此仅考察前五大高耗能制造业行业发展情况。高耗能行业资源消耗量大，与长江经济带"生态优先，绿色发展"的总基调不符，推动高耗能行业绿色转型是长江经济带制造业升级的重要抓手。目前五大高耗能制造业行业主营业务收入在长江经济带制造业主营业务收入中所占比重较大，但所占比重在不断缩小。

从表1-12可以看出长江经济带三大区域五大高耗能制造业行业的主营业务收入差距较大，长江三角洲区域明显高于长江经济带中游和上游地区，说明高耗能产业布局依然集中在长江三角洲区域；三大区域高耗能产业主营业务收入依然逐年增加，说明其在区域经济发展中依然占有重要地位。

表 1-12　2012—2016 年长江经济带五大高耗能制造业行业主营业务收入

单位：亿元

年份		2012	2013	2014	2015	2016
长江三角洲	上海	7318.41	7588.07	7123.71	6210.01	6105.98
	江苏	31764.52	35707.76	37389.57	37039.79	38765.27
	浙江	12784.01	14205.45	14544.01	12821.11	12836.98
	安徽	7585.22	8705.01	9690.31	9592.35	9972.15
	总量	59452.16	66206.29	68747.6	65663.26	67680.38
中游地区	江西	9943.48	11619.85	12926.07	12899.89	13809.62
	湖北	9974.97	11534.47	11631.27	11291.79	11380.42
	湖南	8834.24	10066.84	10324.25	10371.06	11019.05
	总量	28752.69	33221.16	34881.59	34562.74	36209.09
上游地区	重庆	2550.66	2857.67	3257.53	3419.77	3582.68
	四川	7668.76	8505.26	8982.34	8794.77	9534.54
	贵州	1824.15	2288.75	2685.64	3028.88	3337.19
	云南	3785.8	4145.87	4326.38	3591.19	3553.08
	总量	15829.37	17797.55	19251.89	18834.61	20007.49
长江经济带		104034.22	117225	122881.08	119060.61	123896.96

资料来源：根据 EPS 数据平台中国制造业经济数据库整理所得。

从表 1-13 可以看出长江经济带整体及三大区域主营业务收入占长江经济带制造业整体主营业务收入的比重自 2013 年起在逐年下降，说明长江经济带制造业产业结构整体在往节能绿色方向发展。

表 1-13　2012—2016 年长江经济带五大高耗能制造业行业主营业务收入制造业总体占比

单位：%

年份	2012	2013	2014	2015	2016
长江三角洲	26.51	26.84	26.18	24.55	23.95
中游地区	38.63	37.49	35.77	33.38	31.99
上游地区	32.71	31.22	30.24	28.21	26.85
长江经济带	29.97	29.88	28.99	27.19	26.35

资料来源：根据 EPS 数据平台中国制造业经济数据库整理所得。

|第三节|　长江经济带制造业面临的发展问题

当前，长江经济带发展面临的主要问题可分为政策层面问题、自身产业基础问题和区域内资源环境问题。长江经济带作为我国国家级战略之一，面临众多国家或区域层面政策文件提出的要求，这些要求既是机遇也是挑战，当长江经济带制造业发展落后于要求时，就会面临政策约束；区域内传统制造业众多，受制于路径依赖，难以更新能源和技术；区域内环境污染、资源耗竭都迫使制造业不得不进行转型升级。

一、环境规制制约

（一）绿色发展政策

为保护区域内环境、满足消费者对绿色产品的需求，政府出台了一系列政策，这些政策既是绿色发展政策，也是环境规制政策，对区域制造业发展而言，既是机遇，也具有规制性。

长江经济带区域内环境状况的恶化是限制区域内制造业发展的最直接因素。长江生态环境破坏的一个重要表现是其渔业资源的退化，截至2018年4月，受环境污染和过度捕捞的影响，长江已经到了"无鱼"等级，其中一些重要而古老的水生物已经灭绝或正在濒临灭绝，如白鱀豚已经被宣布功能性灭绝，白鲟已经灭绝、江豚数量急剧减少，区域生态环境保护迫在眉睫。制造业作为区域内污染物排放的主要产业，成为环境规制政策的主要规制对象。

消费者环保意识逐渐觉醒对企业而言也同样既是机遇也是挑战，企业产品和生产工艺能否适应市场变化，满足日益严格的环境标准，也决定了企业的生死存亡。长江经济带地区传统制造业所占比重较大，清洁产业、高技术产业、战略性先进产业等虽然增速较快，但在制造业中的总体占比依然较小。

政策是产业发展的环境基础，政策导向也关乎制造业的发展方向，对于长江经济带制造业的发展来说，不管是国家层面对长江经济带的重视，还是省级层面开始出台操作性较强的政策文件，都会对长江经济带内制造业的发展产生影响。对长江经济带制造业影响较大的政策如下：

1. 国家层面关于产业绿色发展的政策

国家层面关于产业绿色发展的文件给长江经济带制造业的发展提供了宏观背景。2015 年 5 月，国务院出台的《中国制造 2025》中强调要推进制造业的绿色发展，建设绿色制造体系是产业绿色发展的核心，必须把可持续发展作为建设制造业强国的重要着力点，加快制造业绿色改造升级，引领先进产业高起点绿色发展，加强环保技术、工艺、装备推广应用，全面推行清洁生产，发展循环经济，提高资源回收利用效率，降低资源能源消耗，构建绿色制造体系。2016 年 3 月，全国人民代表大会审议通过《国民经济与社会发展第十三个五年规划纲要》，强调长江经济带的产业发展要坚持"生态优先，绿色发展"的战略定位，要根据资源环境的承载力，引导产业合理布局和有序转移，培育壮大战略性先进产业，建设集聚度高、竞争力强、绿色低碳的现代产业走廊。2016 年 6 月，工业和信息化部出台的《工业绿色发展规划（2016—2020 年）》是对《国民经济与社会发展第十三个五年规划纲要》以及《中国制造 2025》中关于绿色发展部分的部署落实，提出要大力推进长江经济带沿江工业节水治污、清洁生产改造，加快发展节能环保、新能源装备等绿色产业，支持一批节能环保产业示范基地建设和发展。2016 年 8 月，工业和信息化部等部门联合出台的《绿色制造工程实施指南（2016—2020 年）》提出，重点推动制造业改造升级，强化科技创新支撑，加大政策支持力度，加快构建绿色制造体系等，明确了制造业绿色发展的重点方向和具体路径，对长江经济带制造业绿色发展提供了重要指导。

2. 国家层面关于长江经济带绿色发展的政策

国家层面关于长江经济带的政策文件中，也高度关注制造业的绿色发展。如2014年9月国务院颁布的《国务院关于依托黄金水道推动长江经济带发展的指导意见》，提出要加大对传统产业的改造升级，发展壮大先进产业等。2016年2月，最高人民法院出台的《最高人民法院关于为长江经济带发展提供司法服务和保障的意见》中，围绕长江经济带四大战略定位，强调密切关注产能过剩对行业的影响，加大对长江经济带节能环保、生产保护等有利的知识产权的保护力度。2016年3月，国家发展改革委等三部门出台的《长江经济带创新驱动推动产业转型升级方案》，强调创新驱动产业转型升级是落实长江经济带绿色发展的重要措施。2016年9月，《长江经济带发展规划纲要》中也提出长江经济带必须走生态优先、绿色发展的道路。2017年6月，工业和信息化部等五部门出台了《关于加强长江经济带工业绿色发展的指导意见》。2017年7月，环境保护部出台了《长江经济带生态环境保护规划》，强调以产业绿色发展推动长江经济带生态环境保护。2017年8月，交通运输部出台了《关于推进长江经济带绿色航运发展的指导意见》。国家层面围绕长江经济带出台的一系列政策文件为长江经济带制造业的高质量发展提供了保障。

3. 长江经济带沿线省市关于绿色发展的政策

长江经济带各省市出台的关于绿色发展的政策文件也很丰富，既是对国家层面产业绿色发展政策和国家层面长江经济带绿色发展政策文件的落实，也体现了各省级层面对绿色发展的不同需求。截至2018年，上海市出台2项、江苏省出台7项、浙江省出台8项、安徽省出台5项、江西省出台6项、湖北省出台7项、湖南省出台8项、重庆市出台5项、四川省出台8项、贵州省出台5项、云南省出台4项产业绿色发展政策。这些省级层面的绿色发展政策中，工业是绿色发展的重点，节能减排、提高能源资源利用率是主要要求。这些政策都为长江经济带制造业的绿色发展提供了良好的环境和政策条件。

（二）战略目标

长江经济带发展的战略定位是其区域内产业发展的政策背景，影响着产业的发展方向和转型升级路径。2014年9月，《国务院关于依托黄金水道推动长江经济带发展的指导意见》首次提出长江经济带的四大战略目标，即具有全球影响力的内河经济带、东中西互动合作的协调发展带、沿海沿江沿边全面推进的对内对外开放带、生态文明建设先行示范带。2016年3月发布的"十三五"规划纲要，在推动区域协调发展部分重申了长江经济带战略定位中的"三带"：建设成为我国生态文明建设的先行示范带、创新驱动带、协调发展带，强调了长江经济带生态建设、绿色发展、创新转型的重要性。2016年9月，《长江经济带发展规划纲要》明确了长江经济带的战略目标为"四带"：生态文明建设的先行示范带、引领全国转型发展的创新驱动带、具有全球影响力的内河经济带、东中西互动合作的协调发展带。

1. 生态文明建设的先行示范带

长江经济带是长江流域的重要组成部分，横跨我国八大国家级重点生态功能区，自西向东分别为：川滇森林及生物多样性生态功能区、若尔盖草原湿地生态功能区、桂黔滇喀斯特石漠化防治生态功能区、秦巴生物多样性生态功能区、三峡库区水土保持生态功能区、武陵山生物多样性及水土保持生态功能区、南岭山地森林及生物多样性生态功能区、大别山水土保持生态功能区，因此长江经济带的生态文明建设是关乎我国生态战略安全的。

区域内资源丰富，尤其是森林资源、水资源和矿产资源等。截至2017年底，长江区水资源总量为10614.7亿立方米，占全国总量的36.91%；长江经济带九省二市的林地面积为9872.43万公顷，占全国林地面积的39.05%；耕地面积为4490.87万公顷，占全国耕地面积的33.3%；自然保护区共1096个，占全国的39.85%。这些数据均高于长江经济带国土面积，占全国的 21.63%。①

2. 引领全国转型发展的创新驱动带

长江经济带拥有众多高技术产业、战略性先进产业、先进制造业，是我国重要的创新策源地，创新投入和产出规模庞大，创新驱动规模效应和带动效应显著。2016 年长江经济带高技术产业企业数 15473 家，占全国比重为 50.24%；从业人员平均数为 584.26 万人，占全国比重为 43.54%；高技术产业主营业务收入为 71337.87 亿元，占全国比重为 46.38%；利润总额 4712.73 亿元，占全国比重为 45.75%。②

区域内九省二市拥有高校 1131 所，占全国高校数的 42.99%；研发全时人员 1920989 人，占全国研发全时人员的 45.69%；国内专利申请授权数为 814900，占全国专利申请授权数的 47.35%。③ 这些衡量地区创新能力的指标占比均接近全国的一半，说明长江经济带富有创新活力、创新能力强劲，具有打造引领全国转型发展的创新驱动带的基础。

3. 具有全球影响力的内河经济带

长江经济带依托长江这一黄金水道的独特作用，构建起了较为完善的综合立体交通，区域内产业结构完善，形成了一批世界级产业集聚，培育了具有国际竞争力的城市群，对周边地区乃至全国具有重要的辐射作用。

长江经济带承东启西、位居南北之间的特殊地理位置，使其成为全国交通要塞，在水运基础上，现已初步形成海陆空综合立体交通网络，且与"渝新欧""蓉欧快铁""汉新欧""湘新欧""义新欧""合新欧"等中欧班列及沿海港口等与世界经济对接，对区域发展、乃至全国经济发展具有重要影响。区域内依托良好的产业基础，形成了世界级的电子信息产业、高端装备制造业、汽车产业、家电、纺织服装等产业集群。区域内还有长江三角洲城市群、长江中游城市群和成渝城市群，三大城市群经济发展

---

① 根据《中国环境统计年鉴 2018》计算所得。
② 根据《中国高技术统计年鉴 2017》计算所得。
③ 根据《中国科技统计年鉴 2018》计算所得。

快、人口众多，可依托三大城市群，带动区域内经济社会发展，形成比拟于德国莱茵河流域、英国泰晤士河流域、美国密西西比河流域等国际重要流域经济带的，具有全球影响力的内河经济带。

4. 东中西部互动合作的协调发展带

长江经济带横贯我国东中西部的特点既为区域内经济发展提供丰富资源，同时也会阻碍区域内经济发展。我国东中西部在地理空间上呈阶梯状分布，三大区域海拔高度、所处经度差别较大，因此在地理区位上差别较大，同时经济区位也有较大差别。例如，东部地区的上海、浙江、江苏等临海，具有海河双向开放渠道，随着我国开放程度提高、首先开放沿海地区等政策的实施，长江下游区域发展迅速，资源要素迅速向这些区域集聚，经济发展较快；而中西部地区，内陆闭塞、山区较多，交通不便，在以往的经济政策条件下，发展缓慢。因此，长江经济带长江三角洲与上中游区域发展拉开了差距，且差距逐渐扩大。

长江经济带三大区域既有的发展差距也是区域协调发展的重要条件，不同的经济基础和发展程度为三大区域间实现产业转移、区域内贸易等提供了可能性，有利于形成交叉比较优势，从而带动区域协调发展。

二、产业基础约束

通过前述分析可知，就长江经济带区域制造业总体而言，对全国制造业发展、经济发展都具有非常重要的作用，对区域环境保护也具有重要作用，但是长江经济带目前的发展面临的较为严重的问题是制造业产业附加值低。

低附加值的主要原因是传统要素优势的消失，科技创新能力不强，核心技术对外依存度高。长江经济带制造业在我国起步较早，属于大型传统制造业聚集区，而传统制造业的竞争优势正在消退，例如：随着经济社会发展，我国传统廉价劳动力的优势在逐渐下降，劳动力资源短缺且日益昂贵，这就阻碍了劳动密集型制造业的发展；随着环境标准的提高，区域内资源能源日益稀缺，原材料密集型制造业的发展也受到了限制。虽然长江经济带制造业的科技创新能力在不断增强，但是在全球背景下，与其他国家相比，科技创新能力依然不够，且核心技术对外依存度高，这些都导致长江经济带制造业整体的产业附加值不高。表 1-14 列举了 2013—2017 年长江经济带各省市实际平均工资以上年为基期的指数。

表 1-14　长江经济带各省市平均实际工资指数

年份		2013	2014	2015	2016	2017
长江三角洲	上海	107.31	107.2	108.5	106.69	108.2
	江苏	112.67	108	107.29	107.6	106.41
	浙江	110.04	104.3	107.15	105.9	107.52
	安徽	109.84	106.6	106.68	107.72	108.28
	总量	104.48	104.3	106.74	104.98	108.39
中游地区	江西	109.26	105.8	106.96	106.55	107.65
	湖北	107.5	106.6	108.57	107.95	107.6
	湖南	107.41	111.2	107.48	107.79	108.32
	总量	106.82	108	109.48	108.95	107.53
上游地区	重庆	107.24	108.6	108.51	108.23	107.82
	四川	109.55	108.9	107.3	106.04	106.35
	贵州	110.43	107.3	110.44	106.27	106.78
	云南	112.18	109.1	111.46	108.73	106.51
	总量	109.94	106.4	112.33	112.64	112.41
长江经济带		110.53	107.93	110.39	108.42	108.01
全国		109.17	107.34	108.63	107.69	107.83

注：数据来源于 EPS 数据平台中国宏观经济数据库。

表 1-14 中数据显示，在以 2013 年为基期，剔除了价格因素以后，长江经济带各省市及全国的平均工资与上年相比依然在不断增加，且长江经济带地区大部分年份的平均实际工资都高于全国增长速度。如 2013 年长江经济带平均实际工资指数为 110.53，高于全国水平的 109.17；2014 年，长江经济带平均实际工资指数为 107.93，全国水平则为 107.34；2015 年，长江经济带平均实际工资指数为 110.39，高于全国的 108.63；2016 年，

长江经济带平均实际工资指数为 108.42，全国水平为 107.69；2017 年，长江经济带平均实际工资指数为 108.01，全国水平为 107.83。说明长江经济带制造业发展中劳动力成本较高，产业附加值被削弱。

三、资源环境约束

（一）环境约束

通过数据分析发现长江经济带制造业发展对环境产生的负面影响较大，高耗能高污染行业由于对地区经济增长的贡献率依然较高，在制造业产业结构中依旧占据重要地位。基于数据可得性，以及制造业在地区工业能源消耗、污染排放中居于主导地位，使用工业能源消耗量和污染排放量作为制造业能源消耗量、污染排放量的代理变量，可以观测出长江经济带地区工业能源消耗和污染排放均高于全国平均水平，对环境影响较大。

1. 能源消耗量

使用地区规模以上工业企业能源消耗量衡量，本书根据 EPS 数据平台中国能源数据库中能源平衡表数据，以原煤为例，选择 2016 年的数据，分析长江经济带工业企业的能源与全国相比的差异。根据《中国能源统计年鉴 2018》附录中的折合系数，将原煤消耗量折合为万吨标准煤，得到全国、长江经济带各省市以及长江经济带三大区域和整体的工业能源消耗量，并与规模以上企业主营业务收入相比，得出每亿元主营业务收入的能源消耗量，用以测度长江经济带制造业的能源投入。

表 1 - 15　长江经济带及全国能源消耗情况

单位：万吨标准煤/亿元

区域	能源消耗情况
上海	0.0134
江苏	0.0227

（续表）

区域	能源消耗情况
浙江	0.0318
安徽	0.0711
长江三角洲	0.0305
江西	0.0592
湖北	0.0776
湖南	0.0849
中游地区	0.0745
重庆	0.0894
四川	0.0728
贵州	0.1654
云南	0.2273
上游地区	0.1074
长江经济带	0.0541
全国	0.0471

资料来源：EPS 数据平台中国工业经济数据库、中国能源数据库。

从表 1-15 中可以看出，全国能源消耗平均水平为 0.0471 万吨标准煤/亿元，长江经济带总体能源消耗情况为 0.0541 万吨标准煤/亿元，高于全国平均水平，说明长江经济带地区能源消耗高于全国平均水平；分地区看，长江三角洲地区能源消耗为 0.0305 万吨标准煤/亿元，低于全国水平，说明能源利用效率较高，但是中游地区和上游地区能源消耗远远高于全国水平，其中中游地区为 0.0745 万吨标准煤/亿元，上游地区达到 0.1074 万吨标准煤/亿元，能源利用率远远低于全国水平；从各省市情况看，地区间差距较大，其中上海能源利用率最高，仅为 0.0134 万吨标准煤/亿元，云南能源利用效率最低，每亿元消耗的万吨标准煤为 0.2273，能源利用效率低。因此总体看，长江经济带制造业能源利用效率低于全国平均水平，且地区间能源利用情况差距较大。

2. 污染排放量

长江经济带各省市制造业对环境影响情况，可用各地工业废水排放量与主营业务收入的占比情况进行衡量，数据显示，长江经济带工业对环境的破坏情况高于全国平均水平。

表 1 - 16　长江经济带及全国制造业环境污染情况

单位：万吨/亿元

区域	工业废水排放情况
上海	1.07
江苏	1.03
浙江	1.98
安徽	1.18
长江三角洲	1.26
江西	2.38
湖北	1.07
湖南	1.24
中游地区	1.52
重庆	1.1
四川	1.26
贵州	1.47
云南	4.84
上游地区	1.66
长江经济带	1.39
全国	1.29

资料来源：EPS数据平台中国工业经济数据库、中国环境数据库。

由表1-16可以看出，从长江经济带整体看，每亿元主营业务收入的工业废水排放量为1.39万吨，高于全国平均水平的1.29万吨；从三大区域看，长江三角洲区域每亿元主营业务收入的工业废水排放量为1.26万吨，低于全国平均水平，说明长江三角洲地区工业对环境的污染影响较小，而中游地区和上游地区每亿元工业废水排放量分别为 1.52 万吨和 1.66 万吨，远高于全国平均水平的 1.39 万吨，说明中游和上游地区的工业对环境的影响较大；分省市看，各省市的工业对环境的影响情况差距较大，其中江苏的每亿元工业废水排放量最低，为 1.03 万吨，云南的每亿元主营业务收入工业废水排放量最高，为 4.84 万吨，远高于全国平均水平。因此，长江经济带制造业或工业对环境的影响较大，且地区间差距较大，特别是中游和上游地区。

(三) 资源环境约束

1. 资源压力大

单从个别矿产资源煤炭的储量和消费量来看，近年来，由于技术进步和加强环保，长江经济带整体探明的煤炭资源储量在缓慢增加，消费量不断下降。但是如果对比煤炭资源的储量增加速度和消费量下降速度，会发现长江经济带煤炭资源储量的增加速度小于消费速度。从表 1-17 和表 1-18 可知，2013—2016 年长江经济带煤炭储存量增加了 5.6%，年均增加 1.9%；而煤炭资源消费量下降了 4.9%，年均下降 1.6%。可见，长江经济带区域内资源压力依旧较大。

表 1-17 长江经济带主要矿产资源煤炭储量

单位：亿吨

年份	2013	2014	2015	2016
江苏	10.93	10.71	10.5	10.39
浙江	0.43	0.43	0.4	0.43
安徽	85.19	83.96	84	82.37
江西	3.97	3.43	3.4	3.36
湖北	3.23	3.19	3.2	3.2
湖南	6.61	6.68	6.6	6.62
重庆	19.86	18.03	17.6	18.03
四川	55.74	54.1	53.8	53.21
贵州	83.29	93.98	101.7	110.93

（续表）

年份	2013	2014	2015	2016
云南	60.1	59.47	59.6	59.58
长江经济带	329.35	333.98	340.8	348.12

资料来源：根据国泰安数据库（CSMAR）整理所得。

表 1-18　长江经济带 11 省市煤炭消费总量

单位：万吨

年份	2013	2014	2015	2016	2017
江苏	0.57	0.49	0.47	0.46	0.46
浙江	2.79	2.69	2.72	2.8	2.66
安徽	1.42	1.38	1.38	1.39	1.43
江西	1.57	1.58	1.57	1.57	1.61
湖北	0.73	0.75	0.77	0.76	0.78
湖南	1.22	1.19	1.18	1.17	1.18
重庆	1.12	1.09	1.11	1.14	1.24
四川	0.58	0.61	0.6	0.57	0.56
贵州	1.17	1.1	0.93	0.89	0.79
云南	1.37	1.31	1.28	1.36	1.34
长江经济带	12.54	12.19	12.01	12.11	12.05

资料来源：根据 EPS 数据平台中国能源数据库所得。

2. 能源价格上升

长江经济带能源价格不断上升，能源进口量会增加，对外依存度增加。最终导致制造业成本增加，附加值降低，国际竞争力下降，也会影响我国的能源安全。笔者观察了长江经济带 2014—2018 年每年 12 月份的电煤价格指数，总体趋势在上涨，从 2014 年 12 月的 497.92，上涨至 2018 年 12 月的 606.83，上涨了 21%。

表 1-19　长江经济带 11 省市电煤价格指数

时间	2014 年 12 月	2015 年 12 月	2016 年 12 月	2017 年 12 月	2018 年 12 月
上海	521.19	415.44	605.08	633.87	555.67

（续表）

时间	2014 年 12 月	2015 年 12 月	2016 年 12 月	2017 年 12 月	2018 年 12 月
江苏	479.42	363.56	626.88	618.53	576.59
浙江	536.8	404.4	543.98	595.34	587.46
安徽	519.8	375.96	652.63	626.46	610.69
江西	575.66	445.4	693	736.42	678.53
湖北	489.13	366.43	667.92	645.99	653.36
湖南	459.56	398.9	693.72	692.17	668.14
重庆	505.35	394.5	634.89	611.52	618.87
四川	476	360.38	672.59	651.5	642.92
贵州	423.97	340.85	477.26	515.88	513.44
云南	490.23	399.86	507.15	487.05	569.41
长江经济带	497.92	387.79	615.92	619.52	606.83

资料来源：根据 EPS 数据平台中国能源数据库所得。

四、小结

本章结合长江经济带制造业发展历程、现状和存在的约束与问题，从现实层面揭示了长江经济带制造业转型升级的必要性。长江经济带制造业发展历程表明了长江经济带目前所处阶段为转型升级阶段；长江经济带制造业发展现状说明长江经济带制造业规模大、创新能力较强，具备转型升级条件；长江经济带制造业发展面临的问题，包括政策层面的环境规制和现实层面存在的资源环境约束等，说明了长江经济带制造业升级的必要性。

第二章

绿色技术创新对制造业升级的促进机理分析

第一章从现实层面阐述了长江经济带制造业升级的背景和必要性，本章则从理论层面剖析绿色技术创新对制造业升级的具体促进机理。首先，对制造业升级作进一步分类；其次，根据现有理论，筛选这三类制造业升级的主要影响因素；最后，具体分析绿色技术创新是如何通过这些影响因素推动制造业升级的。

|第一节| 制造业升级的三种类型

根据前文对"制造业升级"作出的内涵界定，结合本书研究目的和已有研究成果，最终将可持续发展背景下制造业升级分为集约化、清洁化和高级化三种类型。其中，集约化是制造业深化的表现，体现制造业整体升级；清洁化和高级化是制造业结构升级的表现，体现制造业结构优化。

一、可持续发展背景下的制造业升级目标

本书研究对象为长江经济带制造业，环境保护、高质量发展是前提，因此本书研究的制造业升级是在可持续发展背景下进行的。可持续发展包

含可持续和发展：可持续要求对资源环境的消耗要小于其可再生速度，环境污染排放小于地球的净化速度，这是环境目标；发展必然涉及经济增长，侧重经济发展，属于经济目标。因此，可持续发展背景下的制造业升级目标既包括经济目标，又包括环境目标。

（一）经济目标

从经济效益角度出发，世界各国均在抢占制造业制高点，要获得好的经济效益，就要保证制造业产出增长、附加值增加、生产绩效提高、价值提升；生产绩效的提高，与投入产出相关，随着资源能源日益紧缺，生产要素价格不断上涨，企业成本上升，此时，提高能源使用效率是重要出路；随着污染日益严重，对人类活动影响增加，政府不得不重视环境保护，环境规制强度加大，且公众环境保护意识逐渐增强，企业排污成本增加、公众需求逐渐转向绿色品牌，此时制造业企业想提高经济效益，就需要重视环境保护。提升经济效益意味着制造业产出增长、附加值增加、生产绩效提高。同时还意味着可以用更少的资源消耗获得更多的产品。

（二）环境目标

从环境目标出发，根据美国经济学家 G. Grossman 和 A. Kureger 提出的环境库兹涅茨曲线，发现经济增长与环境污染之间存在倒 U 曲线，即随着一国经济增长，环境污染指标先上升达到拐点以后逐渐降低。拐点的到来，主要由于一国环境污染治理投资的增加、人均收入水平的提高、公众环保意识提高、产业结构调整等，其中污染治理能力的提高、人均收入水平的提高都要求产出水平不断提高，即一国经济实力的增强，制造业是国民经济的支柱产业，在一国经济增长中扮演着不可或缺的角色，因此制造业产出的增加、价值不断提升是环境污染改善的重要能力保证。除此以外，制造业在发展过程中还需要提高能源利用率、减少污染排放，从而最大程度减少对环境的影响。因此，环境目标也要求制造业不断增加附加值、提高资源利用率、减少污染物排放、提高污染治理技术等，做到价值提升、资源节约和环境保护。

二、可持续发展背景下制造业升级的三种类型

兼顾"经济目标"和"环境目标"的"制造业升级"是指制造业迈向不可再生资源的集约永续利用、工业污染排放减少、工业对生态环境影响逐步降低、劳动生产率提高、可持续发展能力增强的过程。是对以往的"黑色""褐色"或"灰色"制造业发展模式的否定。

从发达国家减少工业污染排放的经验来看，主要有以下几种途径：一是通过降低污染物产业排放强度来减少污染排放总量；二是通过向发展中国家大规模转移污染密集型工业行业来减少本国污染排放；三是通过工业结构的绿色化调整，提高具有清洁型特征的工业行业比重，降低高污染型工业行业的比重来减少整体的工业污染排放。显然，我国不可能通过向境外转移高污染行业来减少污染排放，因此，我国制造业发展中降低污染排放的主要途径是降低行业内的污染排放或产生强度，以及逐步向具有绿色产业特征的制造业行业倾斜，这也是我国制造业升级的主要方向。降低行业污染产生或排放强度就涉及生产效率，生产绿色效率的提升就是指制造业集约化发展。向具有绿色产业特征的工业行业倾斜涉及制造业结构升级的问题，根据这一特征又可以从一般清洁型行业，以及具有高技术、高附加值和低污染的高端行业来考虑。高新技术企业以不断进行技术创新为主要特征，具有高技术、高附加值和低污染的基本特征，是一种天然的绿色产业，也是世界各地区争相发展的产业。基于以上分析，本书将制造业升级分为集约化、清洁化和高级化三种类型（见图 2-1）。

（一）集约化

制造业集约化是制造业产业深化的表现。制造业集约化生产，意味着绿色生产效率的提升。生产效率关系到经济增长的来源和质量，长期以来，被认为是学界关注的核心问题之一，从亚当·斯密提出分工所引起的

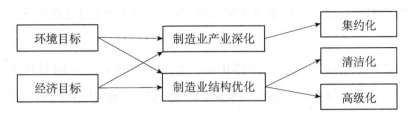

图2-1　可持续发展背景下制造业升级目标与三种升级类型

劳动生产率提高是国民财富增长的重要原因之一，到新古典增长理论强调资本和劳动力投入是生产率的直接来源，再到内生增长理论和现代经济增长理论提出的相关观点。内生增长理论突破了新古典增长理论关于技术外生的假设，重点关注技术进步在经济增长效率中的决定作用，同时强调人力资源在技术进步和经济持续发展中的作用。虽然不同学者所处的背景和研究视角不同，对生产率的理解也存在一定偏差，但基本上认同生产率是指生产活动在一定时间内的效率。早期生产率主要指单要素生产率，考察单要素对经济增长的影响，重点研究劳动生产率。随着社会分工的细化、生产技术的提升，生产过程中投入多种生产要素，以及对生产要素间相互替代性的进一步认识，对生产率的认识也由单要素生产率过渡到全要素生产率。尤其是柯布-道格拉斯生产函数的提出，促进了生产率的研究从定性研究进入量化研究阶段，极大地促进了人们对全要素生产率的理解。施蒂格勒在假定资本和劳动两种生产要素的基础上，提出了全要素生产率的概念，施伯特·索洛在道格拉斯、丁伯根等的研究的基础上提出了经济增长模型，将经济增长扣除要素投入部分而未被解释部分归为技术进步的结果，这些未被解释的部分后来被称为"索洛余值"，也称为全要素生产率，于是人们基于制造业全要素生产率来判断制造业生产效率，衡量制造业生产的集约化程度。随着经济的发展，资源环境对经济发展的约束日益显现，资源短缺使人民注意到生产必须可持续，环境污染带来的危害倒逼人类进行生产时必须转向清洁生产，由此，仅仅考虑传统生产要素来核算全要素生产率已经不能满足当前的要求，在传统制造业全要素生产率的基础上加入资源环境因素，即绿色全要素生产率，才能衡量制造业的生产的集约化程度。

因此，本书认为制造业集约化是指在制造业生产中，同时将能源消耗、污染排放、资本、劳动力等要素同时纳入生产函数中，即期望产出和非期望产出同时纳入投入产出核算体系下的全要素生产率得到提升。

（二）清洁化

制造业清洁化是制造业结构优化的表现。清洁化是指制造业内部清洁行业比重不断增加，高技术产业由于具有高效益、清洁化的特点，因此，高技术产业占比不断增加也体现了制造业结构升级。

由于制造业内部细分行业众多，既有清洁产业，也有污染比较严重的产业，不同产业间发展状况和规模等差异较大。清洁产业在制造业中所占比重较大，制造业整体清洁化程度也较大，也越来越满足当前可持续发展下制造业升级的目标；如果污染严重的行业在制造业中占比较大，则意味着制造业整体不够优化，与可持续发展目标距离较远。促进清洁产业的发展，加速污染行业的改造和衰退，使得制造业结构发生变化，清洁产业比重提升、污染产业比重下降，也即制造业产业结构不断清洁化的过程。

（三）高级化

制造业高级化也是制造业结构优化的表现。因为高技术产业是一种典型的高附加值行业，具有绿色制造业特征。高新技术产业在制造业中占比不断提高，在高新产业技术溢出效应的影响下将有助于实现资源节约。制造业高级化升级主要体现在知识密集型制造业行业的比重不断提高，这与可持续发展目标下制造业升级目标相一致。而行业内依靠粗放发展的低技术产业会面临新技术新需求新环境新要求的冲击，面临竞争力下降或退出市场的风险，这不符合可持续目标下制造业升级的目标。

结合本书研究对象和研究目的，确定本书研究的制造业升级为可持续发展背景下的制造业升级，因此，制造业升级的目标要兼顾经济目标和环境目标。根据制造业升级的内涵，制造业升级可分为制造业产业深化和制造业结构优化，产业深化可体现为集约化发展，结构优化可分为清洁化和高级化发展，因此进一步将制造业升级分为集约化、清洁化和高级化三种类型。

|第二节|　影响制造业升级的主要因素

现有研究结果显示，能对制造业升级产生影响的因素有很多，但是本书主要筛选出能对制造业集约化、清洁化和高级化产生影响的因素。笔者从影响制造业升级的众多因素中，筛选出与集约化、清洁化和高级化相关的影响因素。根据作用路径不同，将影响因素分为间接因素和直接因素。

一、间接因素

首先以产业升级理论为基础，提取出相关影响因素。关于产业升级影响因素的研究已经很丰富，本书参考已有研究中归纳的产业升级因素，结合制造业升级三种类型，筛选出能推动制造业集约化、清洁化和高级化的影响因素，主要包括需求因素、供给因素、国际因素。其中国际因素可以归为需求因素或供给因素，例如出口需求的变化会导致国际贸易结构变化，同时也属于需求因素，资源禀赋导致的比较优势变化属于国际因素但也可归为供给因素，因此本书将制造业升级的间接因素归为需求因素和供给因素。

（一）需求因素

需求因素既包括需求总量，也包括需求结构。需求总量的增加或减少会通过市场传递至制造业企业，提高或降低某一产品价格，最终导致行业内制造该商品的企业增加或减少，影响制造业行业整体供给和发展。需求结构变化表现为对行业内不同部门产品的需求量发生变化。例如，随着人均收入水平的提高，对奢侈品的需求增加，必需品的需求变化不大，因此会改变原有奢侈品与必需品的需求结构，导致生产奢侈品的制造业部门增加，改变了制造业整体结构。

1. 消费需求

需求主要包括消费需求、投资需求和出口需求。消费需求可分为社会消费需求和个人消费需求，根据 J. 凯恩斯（1936）在《就业、利息与货币通论》中提出的消费函数，个人消费需求是与个人可支配收入紧密相关的。恩格斯将个人消费需求分为生存资料的消费需求、发展资料的消费需求、享受资料的消费需求。生存资料的消费需求是指维持自身生存和再生产的需要；发展资料的消费需求指满足劳动者全面发展体力和智力而提高自己科学文化技术水平的需求；享受资料的消费需求指劳动者满足社会需求之外，为了享受科学、技术和艺术成果等所需要的物质资料。不管是凯恩斯的消费函数还是恩格斯对需求的分类都说明个人消费需求是与个人收入水平息息相关的，随着个人收入水平的提高，消费水平和结构趋于高水平和多层次，相应制造业也逐渐向高水平演进。

2. 投资需求

投资需求是指个人、企业、政府等主体在一定时期内对于投资商品和服务的需要总和，是经济增长和发展的关键驱动力之一，直接影响生产力、就业以及国民经济。投资需求不仅包括物质资本的需求，如工厂建设、机器购置等，也涵盖人力资本的投资，如教育培训等。投资需求的组成十分广泛，可大致分为两大类：一是固定投资需求，主要是指对于长期使用的固定资产的投资，比如建筑物、设备购置等。二是存货投资需求，这指的是企业为了保持生产经营活动顺利进行，对于原材料、半成品、成品等存货的需求。影响投资需求的因素众多，其中最为关键的包括利率水平、预期收益、国家经济政策、市场需求情况等。良好的投资环境和市场前景可以激发投资需求，反之则会抑制。从微观层面看，投资需求反映了企业对未来市场前景的预期，是决定企业扩张规模、更新设备的重要依据。从宏观层面看，投资需求是推动经济增长的关键动力，政府通过调整经济政策（如财政政策、货币政策）来刺激或抑制投资需求，以实现经济的稳定增长。理解和把握投资需求对于企业决策者来说至关重要，它可以帮助企业确定在何时何地投资以及投资什么领域能够获取最大的收益。同时，对于国家宏观经济管理者而言，准确预测并有效引导投资需求，是实现经济稳定发展的重要手段。

3. 出口需求

出口需求指别国对本国商品或劳务的需求，出口需求随比较优势、国际市场需求的变化而变化。一国国际贸易结构往往受本国资源禀赋和国际市场两方面共同影响，一国资源禀赋决定了一国比较优势。在比较优势的作用下，一国会生产生产要素相对富裕的产品，但当本国发生突破性绿色技术创新等事件时会改变本国的比较优势，改变出口商品价格，出口需求结构相应变化；或者当国际市场整体需求水平和需求结构发生变化时也会影响一国的出口结构，从而引起一国制造业产业的扩张或收缩。

（二）供给因素

影响产业结构升级的供给因素一般包括资源禀赋、人口资源、资金供应状况、技术水平等。

1. 资源禀赋

资源禀赋往往是一国产业形成和发展的基础，一国资源状况往往决定了该国制造业企业的生产成本，资源丰裕，则价格低，原材料价格低意味着生产成本低，促进该资源加工产业的发展。如果一国自然资源丰裕，则容易形成与该资源相关的加工业，如果一国自然资源匮乏，获取该原材料的价格较高，则可能会形成其资源相对丰裕要素的产业。既有的资源禀赋的状况也可以通过技术创新或国际贸易加以改善，例如通过技术创新发明使用新的替代原材料，也可引起与该资源相关产业的扩张。

2. 人口资源

一国人口资源状况决定了该国劳动力供给状况和人力资本状况，以及人均资源拥有量等。劳动力相对丰富且廉价则易形成劳动密集型加工业，例如改革开放初期的中国，利用大量丰富且廉价的劳动力发展劳动密集型加工业。劳动力的素质关乎人力资本状况，如果一国人口资源中劳动力受教育程度低，劳动力素质不高，也会影响到该国制造业发展水平。

3. 资金供应状况

资金是产业发展的血脉，资金供应状况可以通过资金供应充裕度和资金供应结构对制造业发展产生影响，资金供应充裕度如何往往受经济发展水平、储蓄率、资本积累等因素影响，资金供应结构往往受国家政策、投资者偏好、利率、投资回报率等因素影响。资金充裕度会导致产业整体的扩张或收缩，资金供应结构决定了资源在制造业不同部门间的配置情况，引起制造业内部产业结构变化。

4. 技术水平

技术水平是影响制造业升级的核心因素，技术水平可以通过影响其他因素来影响制造业产业发展，技术水平可以通过改变需求因素和供给因素，从而影响制造业发展。技术水平还可以影响制造业产业生命周期，引致新产业、促进先进产业成长、改造传统产业等。

二、直接因素

（一）产业生命周期

产业生命周期是指一个产业从产生到衰亡的具有阶段性和规律性的过程，由于类似生物的生命周期过程，因此将其称为产业生命周期。产业生命周期可分为形成期、成长期、成熟期和衰退期四个阶段，每个阶段都具有不同特点。

1. 产业形成期

产业形成期（或叫产业幼年期、产业萌芽期）是指产业在一定的母体环境中不断孕育、逐步成形的过程，是某些生产或社会经济活动不断发育和集合，逐步成形进而构成一个产业的基本要素的过程，也是某类新产品被推向市场，并逐渐被市场认可，转化为现实需求形成产业的过程。产业形成期可表现为一项新业务的出现，一项新技术的出现，一个或多个新型企业的出现。在产业形成期，产业技术不够稳定，产品品种单一、质量不高，或产品品种多，但鱼龙混杂，生产厂商少，产品成本高，利润单薄，经营盈利困难。

2. 产业成长期

成长期是指产业从小到大、由弱变强的过程。随着产业技术的不断改进和完善，产品开始有了统一标准，质量体系基本建立，市场不确定性因素减少，先进产业投资风险降低。这一时期由于风险较形成期较少，利润也较为可观，会吸引大量投资者进入，产业数量和规模不断扩大。这一时期，产业对宏观经济波动的敏感性较小，基本处于快速增长状态。总体来说，这一时期的主要特点是，投资风险下降，产业规模快速扩大，生产协作出现等。

3. 产业成熟期

产业成熟期的出现意味着产业结束了成长期，是一个从量变到质变的过程，是产业主要为国民经济贡献的时期。产业成熟期的表现是技术上的成熟、产品的成熟、工艺的成熟等。技术上的成熟意味着产业内采用的技术多是广泛使用的，有一定先进性、稳定性的技术，技术创新落后、增长乏力的厂商将被淘汰；产品的成熟是产业成熟的重要标志，指产品性能、样式、功能、规模、结构等都趋于成熟，且被消费者接受；工艺的成熟指生产过程基本定型，标准化程度高。

4. 产业衰退期

这一时期，产业内技术、产品等都处于落后状态，产业创新能力下降，市场萎缩，价格下降，产品和生产能力过剩，企业普遍处于亏损状态，厂商开始逐渐退出，并转向其他产业。产业衰退可分为两种：绝对衰退和相对衰退。绝对衰退是指由于产业自身原因，产业自身发展的衰退规律导致的衰退；相对衰退是相对于其他产业的快速发展，或其他产业的快速发展，所引起的这一产业的衰退。产业衰退同时也是孕育新的产业的过程，是产业从一个生命周期向另一个生命周期跃升的过程，相对于新产业的不断出现，真正衰退并完全消失的产业并不多，大多是"衰而不亡"，再经过需求惯性、技术创新、政策保护等可使产业实现"起死回生"。

（二）技术创新对产业生命周期的影响

关于技术创新与产业生命周期的关系已经有了较多理论，William J. Abernathy 和 James M. Utter-back 提出了著名的 A－U 模型，该模型按照产业增长率将产品生命周期分为流动、过渡和确定三个阶段，还引入主导设计；G－K 模型是 Gort 和 Klepper 提出的，根据厂商数目的不同对产品生命周期进行划分，分为进入、大量引入、稳定、大量退出（淘汰）和成熟五个阶段，从而建立了产业经济学意义上的第一个产业生命周期理论。G－K 模型认为，大量引入阶段主要是源于外部的（产品）创新；大量退出也是由于外部创新减少和过程创新；当产业发展到成熟期，直到有重大技术变动或突破性创新出现时，会开始下一轮的生命周期。不管是 A－U 模型还是 G－K 模型，在产业生命周期理论中，技术创新的作用十分明显。王永刚将决定产业生命周期的因素归纳为三个：市场接受速度的快慢、竞争者进入市场的难易程度、技术创新的程度。其中技术创新是决定因素。[①]

1. 技术创新对产业形成与成长阶段的影响

技术创新能推动众多子产业的形成和成长。从历史发展看，新技术的

---

① 王永刚：《技术创新与产业生命周期》，《商业研究》2002 年第 245 卷第 5 期。

创新往往会带来新产业的出现。例如，新的生产工具的出现标志着一项新技术的出现，这些生产工具如石器、青铜器、铁器等的应用，带来了生产力的提高，生产力的扩张促使对其需求的增加，因此金属冶炼等产业开始出现；到了机器大工业时代，机器取代原有工具，更大程度上提高了生产力，也促使新的产业部门不断发展。例如飞梭织布机、珍妮纺纱机的出现促使棉纺织工业得到飞速发展；20世纪50年代信息技术的产生和发展，促使社会生产力得到进一步提高，并产生了许多新的产业。历史上几乎每一次新产业的出现都是技术创新的结果，技术创新的广泛应用形成先进产业或先进产业集群。

技术创新不仅是产业形成的主要原因，还能推动产业持续成长。不断进行产品创新或工艺创新能提高厂商的竞争力。就产品创新而言，产品的需求市场也具有生命周期，当该需求处于生命周期的衰退阶段时，即对该产品的需求不断减少，并可能消失，如果不进行新的产品创新，则厂商就会在竞争中被淘汰，因此只有不断进行产品创新，满足产品需求的不断变化，才能保持竞争优势。当产业处于成长阶段，竞争会尤为激烈，技术创新是保证厂商在竞争中获胜，进入下一阶段的重要因素。

2. 创新对产业成熟和衰退阶段的影响

当产业发展进入生命周期的成熟阶段时，行业中厂商数量较多，且趋于稳定，产品的基本设计、性能、功能、规模、结构等趋于标准化，这一时期，大量创新阶段结束，厂商盈利状况稳定。这一时期，产品创新对产业发展的影响较小，工艺创新可通过企业间协作、标准化生产等降低成本，如更先进的机器设备的研发，可提高劳动生产率。

根据产业生命周期理论，产业存在衰退期是客观规律，市场需求低、盈利能力差、产能过剩的产业进入衰退期，大量厂商退出行业，能提高有限资源的利用效率。绿色技术创新一方面可通过竞争加速衰退产业的衰亡进程，也可以通过根本性创新替换落后技术，使得衰退产业实现又一次成长。

|第三节| 绿色技术创新对制造业升级的间接促进机理

绿色技术创新对制造业升级的需求和供给因素的影响，可分为直接影响和间接影响。其中，间接影响主要是通过"经济增长效应"和"成本替代效应"影响需求因素和供给因素，最终实现制造业集约化、清洁化和高级化。"经济增长效应"是指由绿色技术创新导致的产业经济增长，收入水平提升，随着收入增加，需求结构会因为产品的不同收入价格弹性而发生变化，因而从需求端拉动制造业升级。"成本替代效应"是指由于绿色技术创新，特别是绿色工艺创新，一部分资源要素的利用率提高，产品相对成本下降，从供给端推动制造业升级（见图 2-2）。

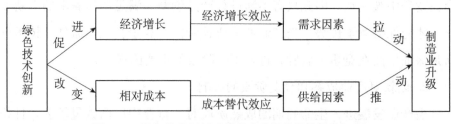

图 2-2 绿色技术创新对制造业升级的间接促进机理

一、绿色技术创新通过"经济增长效应"促进制造业升级

（一）绿色技术创新与"经济增长效应"

经济增长分两种类型，一种是靠生产要素大量投入，另一种是靠生产要素使用效率提高。也可以说经济增长一般有两个来源：要素投入的增加和要素使用效率的提高。经济增长理论也经历了从亚当·斯密为代表的古典经济学增长理论到哈罗德-多马模型为代表的凯恩斯主义增长理论、以索洛为代表的新古典经济增长理论、以卢卡斯为代表的新增长理论、以罗默为代表的内生增长理论。从理论的不断演进中可以发现，技术因素越来越受到重视，从外生给定到内生于模型中，其对经济增长的贡献不言而喻。

传统的技术创新与经济增长理论没有考虑到资源环境因素，对经济增长的衡量简单用一国国内生产总值或国民生产总值，这种衡量指标难以有效识别经济增长是来源于大量资源要素投入，还是来源于要素生产率的提高。当资源要素丰富且廉价时，一国（地区）偏向依靠大量要素投入获得经济增长，当环境日益被破坏、生存质量不断下降时，这种生产方式会导致经济与资源环境协调发展的矛盾，而技术进步在协调这种矛盾时扮演重要角色（梅多斯等，1984）。

现代研究中逐渐开始重视绿色技术进步对经济增长贡献的研究，然而将技术进步、环境因素与经济增长纳入统一分析框架的并不多。本书借鉴何小刚（2015）构建的理论模型，采用数理推导，证明绿色技术创新在经济增长中的重要作用。

模型将绿色技术创新分为绿色产品创新和绿色工艺创新，绿色工艺创新在模型中表现为资源增强型技术进步。从资源增强型技术进步出发，通过解析资源增强型技术进步在经济增长中的贡献，揭示绿色技术创新推动经济发展方式转型的内生机制。

Grossman 等（1991）以产品质量改进研发为出发点提出了质量提升型内生经济模型，我们基于上述的技术创新内生增长模型的分析框架，在生产函数中引入能源资源要素投入和绿色技术创新，通过构建包含绿色产品创新和绿色工艺创新的内生增长模型，推出绿色技术创新与经济增长的内在逻辑关系，进而推导出绿色技术创新推动经济长期可持续增长的模型。

模型假设时间是连续的，且考虑到制造业的特殊性，存在中间投入品，因此存在下列前提条件：最终产品生产中需要投入的要素包括劳动、资源能源和中间品；市场是自由进出的，绿色技术创新的垄断利润只能存在一段时间，当行业中出现新的绿色技术创新后，原有的垄断利润会消失；消费者效用最大化，且受预算约束的影响。

1. 生产者行为

企业 i 的生产函数为新古典生产函数：$Y_i = AR_i^{1-\alpha} \sum_{j=1}^{N} (\overline{X}_{ij})^\alpha$。其中 Y_i 为企业 i 的最终产出，A 为外生生产环境，包括生产的技术环境和政策环境，R_i 是企业 i 的能源资源要素投入量，$\overline{X}_{ij}$ 是经过绿色工艺创新改进后的第 j 种中间产品的投入量，且 $0 < \alpha < 1$。N 表示经过绿色工艺创新改进后清洁化程度最高的中间投入品数目。为使问题简化，不考虑经济体中人口的增长，将人口规模标准化为 1。

假设企业 i 对中间产品进行绿色工艺创新，且绿色工艺创新改进的程度与常数 $q > 1$ 成正比，一个进行了绿色工艺创新改进的第 j 种中间产品的清洁化程度为 q_j^c（c 为清洁程度）；对于清洁化程度为 q_j^c 的第 j 种中间产品，最终生产部门 i 的投入量为 $\overline{X}_{ij} = q_j^c X_{ic_1}$。为了计算简便，将 X_{ic_1} 视为一次性消耗品。因此，相应的生产函数和利润函数分别为：

$$Y_i = AR_i^{1-c} \sum_{j=1}^{N} (q_j^c X_{ic_1})^\alpha \qquad \text{式（2-1）}$$

$$\pi_i = Y_i - sR_i - \sum_{j=1}^{N} P_{c_1} X_{ic_1} \qquad \text{式（2-2）}$$

其中，s 是能源价格，P_{c_1} 是第 j 种中间产品的清洁化程度价格。假定最终产品市场满足完全竞争市场条件，则企业 i 利润最大化应满足的一阶条件为：

$$\frac{\partial \pi_i}{\partial X_{ic_1}} = \alpha AR_i^{1-\alpha} q_j^{\alpha\omega} X_{ic_1}^{\alpha-1} - P_{c_1} = 0 \qquad \text{式（2-3）}$$

$$\frac{\partial \pi_i}{\partial R_i} = (1-\alpha) AR_i^{1-\alpha} \sum_{j=1}^{N} (q_j^c X_{ic_1})^\alpha - s = 0 \qquad \text{式（2-4）}$$

解得企业 i 对第 j 种中间产品的需求量以及能源要素价格为：

$$X_{ic_1} = R_i (A\alpha q^{\alpha\omega_1} / P_{c_1})^{1/(1-\alpha)} \qquad \text{式（2-5）}$$

假设生产最终产品 Y 的生产者之间不存在异质性，那么，整个经济中

对第 j 种中间产品的需求量 X_{c_1} 可由式（2-6）求和得到：

$$X_{c_1} = \sum_{i=1}^{N} X_{ic_1} = R\,(Aaq^{\alpha_1}/P_{c_1})^{1/(1-\omega)} \qquad 式（2-6）$$

2. 研发部门

企业 i 的研发部门面临如下抉择：第一，是否投入资源进行绿色技术创新，绿色产品创新或对中间产品的清洁化改进，即绿色工艺创新；第二，研发部门如何对绿色技术创新定价，包括绿色产品以及绿色工艺改进后的清洁化中间产品。这种对绿色技术创新产品的定价会关乎企业利润，进而影响企业利润现值，并对决策产生直接影响。

（1）绿色技术创新产品的定价、企业利润与生产决策

假设在部门 j 中，研发部门进行绿色工艺创新使中间产品清洁化程度提升到 q_{ij}，则研发部门各时点获得的收入为 $P_{c_1}X_{ic_1}$，假设产品的边际成本为 ψ 单位的 Y，则研发部门各时点所获利润为：

$$\pi_{c_1} = (P_{c_1} - \psi)X_{i_1} \qquad 式（2-7）$$

然而企业研发的目标是整个垄断时期内全部利润的最大化。当市场利润为 $r_{(t)}$ 时，研发部门垄断利润现值为：$V_{c_1} = \int_0^{T_{r_1}} \pi_{c_1}(v)e^{-\gamma}(v)\cdot vdv$，其中 T_{c_1} 为第 j 种中间产品的绿色技术创新垄断时间。因此，最优垄断价格为：

$$P_{c_1(v)} = P = \psi/\alpha \qquad 式（2-8）$$

式（2-8）表明，垄断价格是恒定不变的，且对所有中间产品 j 而言都是相同的，并且由于 $0<\alpha<1$，垄断价格高于完全竞争条件下的市场价格 ψ。为了简化计算，我们将 ψ 设定为1，则此时 $P=1/\alpha$。将 P 带入式（2-6）、式（2-7）、式（2-8）可得：

$$X_{ic_1} = R_i\,(A)^{1/(1-\omega)}\alpha^{2/(1-\omega)}q^{\alpha_1/(1-\omega)} \qquad 式（2-9a）$$

$$X_{c_1} = R\,(A)^{1/(1-\alpha)}\alpha^{2/(1-\alpha)}q^{\omega_1/(1-\alpha)} \qquad 式（2-9b）$$

$$\pi_{c_1} = (1/\alpha - 1)R\,(A\alpha^2)^{1/(1-\alpha)}q^{\Delta c_1/(1-\omega)} \qquad 式（2-9c）$$

则整个社会的最终产出为：

$$Y = \sum_{i=1}^{N} Y_i = RA^{1/(1-a)} \alpha^{2\omega/(1-\omega)} \sum_{j=1}^{N} q^{a c/(1-\omega)} \qquad \text{式 (2-10)}$$

对式 (2-9b) 进行加总可得整个社会中间产品总量：

$$X = \sum_{j=1}^{N} X_{c_1} = RA^{1/(1-\alpha)} \alpha^{2/(1-\alpha)} \sum_{j=1}^{N} q^{a c_1/(1-\alpha)} \qquad \text{式 (2-11)}$$

(2) 绿色工艺创新

假设研发部门进行绿色技术创新成功的概率 p_{c_1} 为：

$$p_{c_1} = \lambda \frac{Z_{c_1}}{P_j X_{c_1}} \qquad \text{式 (2-12)}$$

其中，λ 为企业研发成功的概率系数，Z_{c_1} 为第 j 种绿色工艺创新的成本，$P_j X_{c_1}$ 为绿色技术创新成功所能获得的收益。式 (2-12) 表明，绿色技术创新成功的概率与中间产品收益中用于中间产品绿色工艺创新投入成正比。

假定在单位时间内，绿色技术创新成功的次数服从泊松分布，则期望利润现值为 $E(V_{c_1}) = \int_0^\infty \pi_{c_1} e^{-\gamma(t)t} e^{-j_s + \cdot^t} dt$，并且假定市场利率在垄断期间保持不变，则：

$$E(V_{c_1}) = \int_0^\infty \pi_{c_1} e^{-\gamma(t)t} e^{-\psi_s + \cdot t} dt = \frac{\pi_{c_1}}{r + p_{c_1} + 1} \qquad \text{式 (2-13)}$$

因此，成功进行绿色技术创新的部门，单位时间所能获得的期望收益现值为 $p_{c_1} E(V_{c_1})$。如果绿色技术创新市场可以自由进入，则均衡时，期望收益现值会与研发投入成本相等，额外利润为 0：

$$Z_{c_1} = p_{c_1} E(V_{c_1}) = \lambda \frac{Z_{c_1} \cdot \pi_{c_1}}{P_j X_{c_1} \cdot (r + p_{c_1+1})} \qquad \text{式 (2-14)}$$

将式 (2-9b)、式 (2-9c) 带入式 (2-14)，整理得出以下公式：

$$r + p_{c_1+1} = r + p = \lambda \cdot (1-\alpha) \qquad \text{式 (2-15)}$$

由于市场利率 r 在整个垄断时期内保持不变，因此，p 也恒定不变，且对企业研发部门而言，单位时间内研发成功的概率是相同的，因此：

$$Z_{c_1} = \lambda^{-1} p P_j X_{c_1} = \lambda^{-1} p (1/\alpha) X_{c_1} = \lambda^{-1} A^{1/(1-\omega)} \alpha^{\frac{\omega}{1-\omega}} p R q^{\omega_1/(1-\omega)}$$

式（2-16）

由此可以看出，清洁化程度不同的部门，单位时间所需的投入成本也不同，并且清洁化程度越高的部门需要投入越多的研发成本。整个社会进行清洁化提升的研发总投入为：

$$Z_G = \sum_{j=1}^{N} Z_{c_1} = \lambda^{-1} A^{1/(1-\omega)} \alpha^{\frac{\omega}{1-\omega}} p R N \overline{G}$$

式（2-17）

p 是恒定的，因此，Z_G 是 $RN\overline{G}$ 的线性函数。这说明整个社会对绿色技术研发的总投入与其平均绿色技术创新水平成正比：由于一国（地区）绿色创新活动具有路径依赖和自增强效应，因此平均绿色技术创新现有水平越高，后续绿色研发的投入将越多。

（3）绿色产品创新

假设用于绿色产品创新研发的总投入 Z_N 为进行绿色工艺创新研发总投入的 θ 倍，可得如下公式：

$$Z_N = \theta Z_G = \theta \lambda^{-1} A^{1/(1-\omega)} \alpha^{\frac{\omega}{1-\omega}} p R N \overline{G}$$

式（2-18）

Z_N 与整个行业产品的平均清洁化水平成正比，表明平均绿色创新水平越高的国家进行绿色产品创新研发的投入意愿越大，新的绿色产品研发投入水平越高。

$$Z_j = \theta \lambda^{-1} A^{1/(1-\omega)} \alpha^{\frac{\omega}{1-\omega}} p R \overline{G}$$

式（2-19）

$$Z_T = Z_N + Z_G = (1+\theta) \lambda^{-1} A^{1/(1-c)} \alpha^{\frac{\omega}{1-\omega}} p R N \overline{G}$$

式（2-20）

同样假设新产品研发出来以后，绿色创新产品的发明者对该产品的垄断权仅能维持一段时间，因而绿色产品创新者的期望利润现值为 $E(V_0)$。若单位时间内绿色产品研发成功的概率为 p_0，则绿色产品创新者单位时间的期望收益为 $p_0 E(V_0)$。完全竞争市场条件下，均衡时厂商额外利润为 0，因此最终绿色产品创新者的研发成本等于期望收益现值：$Z_j = p_0 E(V_0)$，由此可得：

$$p_0 = \theta \overline{G}$$

式（2-21）

绿色产品创新成功的概率与社会产品的平均清洁化水平、进行绿色产品创新研发的投入强度 θ、产品清洁化改进的成功概率均成正比。

（4）绿色研发与经济增长

分析消费者行为可知，消费者在无限期的情况下最大化其效用：

$$\max U = \int_0^\infty u(c) \cdot e^{-\beta t} dt \qquad \text{式（2-22）}$$

假设人口数量 L 单位化为 1，家庭的财富水平为 a，且消费者获得的资产收益率为 r，社会工资率为 w，c 为家庭平均消费支出。可得，消费者面临的预算约束为：

$$da/dt = w + r \cdot a - c \qquad \text{式（2-23）}$$

若消费者的瞬时效用函数为跨期替代弹性效用函数，即 $u(c) = \dfrac{c^{1-\pi}-1}{1-\sigma}$，其中 $1/\sigma$ 为跨期替代弹性。经计算可得消费者行为满足 Euler 方程：

$$\frac{\dot{C}}{C} = \frac{r-\rho}{\sigma} \qquad \text{式（2-24）}$$

整个经济的资源约束为：$Y = C + X + Z$，即在任何时点，社会的最终产品产出被完全用于消费、生产中间产品及进行研发投入。X，Y，Z 均为 $\overline{RNG}$ 的线性函数，因此，C 也为 $\overline{RNG}$ 的线性函数，即 X，Y，Z，C 的增长率同 $\overline{NG}$ 的增长率是一致的，即 $p_0 = \overline{\theta G}$。

$$\frac{Y}{Y} = \frac{\overline{Y}}{Y} = \frac{Z}{Z} = \frac{\overline{C}}{C} = \frac{\overline{NG}}{\sqrt{G}} \qquad \text{式（2-25）}$$

稳态时，各经济变量 X，Y，Z，C 的增长率均为：$\gamma = C/C = (1/\omega)(r-\rho)$，由于 r 是由 p 决定的，而此时 p 是内生的，需继续分析 $\overline{NG}$ 的行为，可以得到最终的经济增长率。单位时间 $\overline{NG}$ 的预期变化来源于绿色产品增加和绿色工艺改进。根据前文，绿色工艺创新单位时间发生的概率为 p；绿色产品创新单位时间发生的概率为 q，那么单位时间 $\overline{NG}$ 的预期变化为：

$$E[\Delta(\overline{NG})] = \sum_{j=1}^{N} p_0 + \sum_{j=1}^{N} p \cdot [q^{c_i/(1-\omega)} - q^{(c_i-1)\omega/(1-\alpha)}]$$

$$= p(1 + \theta - q^{a/(a-1)})\overline{NG} \qquad \text{式 (2-26)}$$

预期变化率为：$E\left[\dfrac{\Delta(NG)}{NG}\right] = p[\theta + (1 - q^{a/(a-1)}]$

当 N 很大时，可以将 $\overline{NQ}$ 视为可微的，有：

$$\frac{\overline{NG}}{\sqrt{C}} = p(1 + \theta - q^{a/a-1}) \qquad \text{式 (2-27)}$$

结合式 (2-27)、式 (2-26) 有：

$$\frac{r-\rho}{\sigma} = p(1 + \theta - q^{a/(a-1)}) \qquad \text{式 (2-28)}$$

式 (2-28) 与式 (2-26) 联立可得：

$$\gamma = \frac{\lambda \cdot (1-\alpha) - \rho}{1 + J[1 + \theta - q^{a/(a-1)}][1 + \theta - q^{a/(a-1)}]} \qquad \text{式 (2-29)}$$

由此，我们得到了完整的包含绿色产品创新和绿色工艺创新的内生增长模型，推导出了绿色技术创新与经济增长的逻辑关系。由式 (2-26) 和 (2-29) 可知：绿色新产品增加和绿色工艺创新都是经济增长的重要源泉，且绿色工艺创新成功的概率系数 λ 及绿色产品创新投入比均是影响经济增长率的重要因素，绿色技术进步是推动经济增长的重要动力和源泉。

（二）"经济增长效应"影响需求因素，拉动制造业升级

绿色技术创新是经济增长的主要动力，经济持续快速增长能增加人均可支配收入。首先，受收入水平提升影响，需求总量会增加，会带来制造业部门的扩张；其次，不同部门产品间需求的收入弹性不同，清洁产业部门、高新技术产业部门生产的清洁高科技产品收入弹性较大，随着可支配收入不断增加，对这类产品的需求量占比会增加，生活必需品的需求量占比相对下降，因而，需求结构的变化会拉动制造业部门往清洁化、高技

术含量方向发展；最后，国内经济增长、收入增加，从需求端拉动了清洁产业部门、高新技术产业部门的发展，清洁产品、高新技术部门产品增加，当产业发展成熟时，价格下降，在国际市场上需求量增加，也会拉动国内制造业升级。

1. 需求总量变化

需求侧的国民收入恒等式可表示为：$Y=C+I+G+(X-M)$。其中 C 为消费，I 为投资，G 为政府购买，$(X-M)$ 为净出口。因此对经济增长导致需求变动，从而拉动制造业升级进行分析，可以从消费需求、投资需求、出口需求三方面加以分析，消费需求既包含个人消费需求，也包含政府购买，由于分析对象为国内制造业发展情况，因此净出口中只考虑出口需求，不考虑国内对国外的进口需求。即国民收入恒等式可变为：$Y=(C+G)+I+(X-M)$。其中将 M 设为常数，在总量分析中，分析其中一个需求因素的变化，假设其他需求因素不变，例如分析消费需求 $(C+G)$ 时，假设投资需求和出口需求不变，此时可以看出消费需求是与国民收入正相关的，随国民收入的增加而增加。这种总量增加会拉动制造业部门规模扩张。

费需求包括社会消费需求和个人消费需求，社会消费需求主要考虑政府购买，政府购买水平的提高会拉动制造业规模扩张。从凯恩斯的消费需求函数可知，个人消费需求的变化与个人可支配收入息息相关，个人可支配收入的变化也是受经济增长影响的，居民消费需求的扩张也会从总量上拉动制造业部门发展。

绿色技术创新促进经济增长，带来国民收入增加，投资需求也会随之增加，投资增加时能直接影响制造业产业发展，所获投资较多的部门发展也会较快。经济增长较快的国家也会拥有较多投资需求，由投资需求函数可知，受投资收益率和利率的影响，获得较多投资回报的部门投资需求会增加，绿色技术创新能带来经济增长，使得制造业部门中使用绿色技术创新的部门产出增加，因此对这些部门的投资会增加；绿色技术创新促进经济增长，国民收入增加，储蓄增加，利率下降，由投资需求函数可知，投资需求总量会增加。

出口需求受汇率、本国的生产能力、国际市场的需求结构和需求水平的影响。从国际范围看，世界各国对环保的重视程度是随经济增长而不断增长的，目前国际市场对绿色产品和绿色技术的需求逐渐增加，对于开放程度较高的国家来说，世界市场对绿色产品和绿色技术的需求增加会导致本国相应部门出口的增加，拉动这些部门的发展。

2. 需求结构变化

"经济增长效应"导致的需求结构变化最终影响制造业结构变化的内在机理，主要是通过产品间不同的需求收入弹性传导的。

消费需求结构是直接受到"经济增长效应"影响的。绿色技术创新带来的新产品、新工艺，与传统技术生产的产品相比，更具环保和高技术含量的特征。短时间内由于垄断定价的存在，价格也相对较高。就正常商品而言，随着价格的上升，需求量会下降，但是绿色产品、绿色技术的消费者，往往具有较强环保理念。随着经济增长，人均收入水平的上升，国家和居民的环境保护意识会逐渐增强，对绿色产品、绿色技术的需求会逐渐增加，刺激清洁产业部门、高新技术产业部门的产生和成长。相对而言，高污染产业部门和传统产业部门在制造业行业中的占比逐渐下降，制造业产业渐趋高级化。除个人消费需求导致的制造业产业结构的变动以外，政府需求结构随经济增长也会发生较大改变。清洁产业、高技术产业的发展是需要一定条件的，风险较高且所需投资规模大，在经济发展初期，往往引进经济发达地区转移出来的高污染、低技术含量的加工部门，但是随着一国经济实力的增强，政府的目标会从满足居民基本温饱的需求转向满足居民对更高生活质量的需求，此时居民对环境保护的呼声越来越高，会对政府形成外在压力，而经济增长带来的充足资金是投资清洁产业的重要条件，所以"经济增长效应"会导致政府需求结构发生变化，拉动清洁环保、高技术含量的部门发展，促使制造业产业结构升级。

"经济增长效应"对投资需求结构产生的影响主要通过消费需求结构的变化传导。当经济增长，消费需求结构直接受到"经济增长效应"的影响而发生变化。当市场中对绿色产品、绿色技术的需求量增加时，价格会上升，短期内清洁产业、高技术产业部门的利润会增加。而投资需求是与投资回报率成正比的，因此受清洁产业、高技术产业部门投资回报率的影响，对其投资需求会增加，因而制造业产业结构也会发生变化。

"经济增长效应"对出口结构变化产生的影响受到本国产品供给以及国际市场需求结构和需求水平的影响。国际市场需求结构与本国市场需求结构一样，会随经济发展和收入增加而逐渐倾向于增加清洁、高技术特征的产品需求。因此国际市场结构会受国际经济发展水平的影响，而国内由经济增长带来的清洁部门、高技术部门投资需求结构的变化，会导致清洁产业部门、高技术产业部门的扩张，从而能生产更多清洁产品。产品质量的提高和价格下降也会吸引国际市场对本国清洁部门、高技术产业部门产品的需求量，因此出口增加，进一步刺激清洁产业部门、高技术产业部门的发展，促进制造业的升级。

二、绿色技术创新通过"成本替代效应"促进制造业升级

（一）绿色技术创新与"成本替代效应"

绿色技术创新对制造业升级影响的另一重要机制是"成本替代效应"。"成本替代效应"是通过改变产品的相对成本，从供给侧推动产业升级。例如通过技术创新改变一国的要素禀赋状况，改变其比较优势，从而影响制造业。绿色技术创新包括绿色产品创新和绿色工艺创新，当绿色产品被创造出来时，会满足人们的潜在需求，使潜在需求转化为实际需求量，从而影响整个制造业；绿色工艺创新主要是资源的有效利用、污染物清洁化改进，以及发明相对成本较低的替代能源去替代成本越来越高的稀缺原材料。本小节主要探讨绿色工艺创新带来的相对成本变化，供给侧的"成本替代效应"推动制造业产业升级的内在机理。

1. 能源利用率的提高

绿色工艺创新往往会带来新的生产工艺或对原有生产工艺进行改进，其目的就是提升效率、节约资源和保护环境，因此，每一次绿色技术创新的发生都可能带来能源利用效率的提高。能源利用率的提高，即单位能源消耗带来的产出增加，也即每单位产出的所需能源投入下降，企业成本下降，因此不管是与企业自身相比，还是与其他未进行绿色工艺创新的部门相比，进行绿色工艺创新部门的相对成本是下降的。由此，资源会进入清洁、高技术部门，使制造业产业发生变化。

2. 替代能源的出现

绿色技术创新不仅能提高资源利用效率，还以生产新的可循环利用、低成本的替代能源为目标。第一，替代能源的出现直接降低企业能源要素的成本投入。新的替代能源往往具有价格低、供给量大、符合环保要求的优点，因此，企业在生产要素的选择上，会从原有生产要素逐渐转向新的替代能源，使得企业成本下降。第二，环保替代能源的出现改变了自然资源的禀赋结构，原有能源多为不可再生的自然资源，如天然气、煤炭和石油等，企业布局所在地的资源禀赋状况往往会限制企业发展，如果一地区稀缺某种资源，该资源在本地的价格往往高于其他地区，企业使用该种资源的相对成本也较高，而新的替代能源则会打破资源禀赋限制。第三，替代能源还可以改变能源要素市场结构，使得传统能源要素价格有下降的可能。当替代能源进入能源要素市场，基于替代能源的优点、政策影响、传统要素的稀缺性和环保约束等因素影响，企业逐渐转向使用新的替代能源，对传统能源要素的需求下降，当需求下降速度大于能源生产速度时，传统能源要素价格趋于稳定或具有下降可能，使用传统能源要素的企业成本也可能下降。

原有自然资源很多为传统能源资源，如石油、煤炭等，随着资源环境约束趋紧，这些资源的消耗也给生态环境造成了不可逆的影响，基于环保的目的和能源稀缺性的影响，传统能源价格会上升，企业成本增加。进行绿色工艺创新，发明成本低廉的替代能源能改变这一局面。未进行绿色技术创新的企业如果继续使用传统能源，则相对成本会较高，因此资源会流向相对成本较低的、采用替代能源的清洁、高技术部门，制造业产业升级。

3. 污染治理成本的改变

在国内环境规制逐渐增强、国际市场绿色贸易壁垒逐渐增强的背景下，污染物排放或粗放式生产已经成为制约企业发展的重要显性成本或隐性成本。显性成本是指由于购买的排污权、被征收的排污税、罚款等，甚至还会面临被关闭的风险；隐性成本是指随着国际市场环保意识逐渐增强，绿色产品或采用清洁工艺的企业产品更具绿色品牌效应，市场普遍偏向购买具有绿色标识品牌的产品，而传统高污染行业由于缺乏环保品牌效应，损失了部分市场，相当于企业的部分成本。绿色技术创新则通过改变生产工艺，节约资源、降低污染排放，相对减少企业的环境成本、污染治理成本；在环保意识日益觉醒的国际大背景下，绿色技术创新能提高企业的国际竞争力，形成环保的品牌效应，避免因环保标准提高而损失市场；并且随着环境规制的逐渐增强，还会将一部分企业绿色研发成本转移成社会成本，对企业创新予以补偿。

（二）"成本替代效应"影响供给因素，推动制造业升级

绿色技术创新改变企业或行业的相对成本，导致要素或部门间相互替代，最终环保高效的要素、部门替代了高污染、低效率的部门，推动制造业的产业升级。具体替代内容表现在以下几个方面。

一是能源利用率高的部门替代使用传统技术的部门。绿色技术创新改进了生产工艺，提升能源利用效率，降低能源使用量，减少了能源要素的使用成本。要素成本降低，因此，与采用传统技术的部门相比，能源利用效率高的部门在市场上将更具竞争力。

二是使用可再生替代能源部门替代使用不可再生能源部门。通过前文分析可知，替代能源的出现会降低企业成本。一方面，替代能源往往价格低、供给量大，可直接降低企业成本；另一方面，替代能源的出现还会改变要素市场需求结构，使传统能源价格也有下降的可能，使用传统要素的部门成本也可能下降。因此，使用替代能源的部门能否替代使用传统能源的部门具有不确定性。但是，传统能源由于具有不可再生性的特点，长期处于稀缺状态，替代能源的出现导致其价格下降的作用不明显。因此，使用新的替代能源的部门会替代使用不可再生能源的部门。

三是进行清洁治理的行业替代高污染行业。清洁生产的部门与高污染部门相比，具有污染治理成本低、应对环境规制成本低等优点，低成本促使清洁行业在市场竞争中处于有利地位，因此，不管高污染行业在市场竞争中消失，还是自身采用新技术进行清洁生产，最终都会导致清洁部门增加、高污染部门减少，清洁部门实现对高污染部门的替代。

|第四节| 绿色技术创新对制造业升级的直接影响机理

绿色技术创新可通过直接影响因素推动制造业升级，直接影响因素为"产业生命周期"，即绿色技术创新可直接影响不同类型制造业生命周期进程，进而推动制造业整体升级。这主要通过促进先进制造业的萌芽和成长，加速传统制造业技术改造和衰退，进而促进制造业整体转型升级。

一、绿色技术创新促进先进制造业的产生和成长

绿色技术创新通过影响不同制造业产业的生命周期进程，影响制造业产业结构。先进制造业最主要的特征是产业具备集约性、高端性、清洁生产的特征。绿色技术创新通过促进先进产业的产生，推动萌芽期的先进产业顺利进入产业成长阶段，并成长为主导产业，提高先进产业在制造业中的比重，从而促进产业升级。先进产业是一个相对概念，本书将其界定为

市场前景广阔、能带来经济效益和环境保护效益的新产业,包括清洁产业、高技术产业、战略性先进产业等。

(一) 促进先进制造业产业产生

一个新产业的出现往往需要具备技术和市场条件,在环保成为全球趋势的背景下,市场对环保产品、环保工艺的需求日益增加,此时,绿色技术创新带来的绿色产品和绿色工艺恰好能满足先进市场需求,可以催生一批环保高技术产业。

各国环保高技术产业的发展与技术创新密不可分。以美国为例,2009年2月颁布的《美国复苏与再投资法案》决定拨款7870亿美元,重点发展新能源产业,并提供技术开发、市场培育和资金支持等多方面支持;而日本在2010年确定的四大战略性先进产业包括环保新能源、IT、信息和宽带、生物技术以及纳米材料领域,并计划将新能源产业发展为支柱产业之一;欧盟于2009年致力于提升"绿色技术"水平,拟筹集1050亿欧元用于打造具有全球竞争力的"绿色产业",其中130亿欧元用于发展绿色能源、280亿欧元用于提高废弃物的处理和管理水平,剩余的640亿欧元将用于技术创新、产品开发以及环保政策法规的实施;韩国以绿色技术、尖端产业融合和高附加值服务等17项先进产业作为新增长动力。

绿色技术创新在先进产业形成期的表现主要为大量的绿色产品创新,绿色产品创新是先进产业形成的主要推动力量,绿色工艺创新从属于绿色产品创新。当一项绿色技术出现时,首先就会寻找产品作为载体,绿色技术只有产业化才能进行推广、存活,当绿色产品创新被市场接受,需要大规模生产时,绿色工艺创新应运而生,绿色工艺创新使得绿色产品得以大规模生产,从而出现良性循环,使新技术得以推广,新产业逐渐形成。

(二) 推动先进制造业产业成长

先进产业只是相对概念,在其形成以后,新技术和市场还在不断改变。形成期风险较多,包括:技术风险,指对核心技术预估不充分,开发的技术与其他环节不配套；市场风险，指技术创新脱离市场需求，无法满足产品化条件；生产风险，是指创新产品无法满足大规模生产的要求，或者原材料供应无法得到充分保障；而财务和资金风险，则是指先进技术在产品化和市场化过程中无法获得有效的资金支持，面临资金链断裂等问题。因此，先进产业只有不断吸纳各种经济资源，实现量和质的突破，进入产业成长期，才能占有相对稳定的市场份额。

先进产业代表了最新技术和最新市场需求，只有当先进产业成长为主导产业，才能充分发挥其对其他经济部门、整体产业的带动作用，从而促进产业升级和区域经济增长。在经济发展方式转变的背景下，成长为主导产业需要具备实现经济效应和生态效益综合目标的能力，具备绿色技术创新能力的产业则能满足这一要求；主导产业需要具备较高的增长率和较大的需求潜力，绿色技术创新是既能满足技术创新对经济的推动作用，又能满足先进环保市场的要求；主导产业还需要具备先进性，主导产业往往代表了一个产业或地区科学技术发展的最高水平，还体现全社会市场需求的最新要求。而绿色技术创新也能满足这一要求。一方面，绿色技术创新可以不断改进生产工艺、创新产品，使产业拥有先进的技术水平；另一方面，绿色技术创新也体现了当今社会市场对环保产品、工艺需求的新要求。

绿色技术创新对先进产业在成长期的推动作用主要表现为绿色工艺创新。产业成长阶段的出现，意味着产品创新已经成熟，市场的不确定性降低，优秀的主导设计出现。主导设计的出现为产业成长阶段的技术创新提供了方向和大致标准，此时的创新不再杂乱无章。因此当先进产业进入产业成长阶段，绿色产品创新已经成熟。此时，要想在市场中脱颖而出，成长为主导产业，绿色技术创新中绿色工艺创新就显得尤为重要。绿色工艺创新有助于绿色产品的大量生产，且以提高资源利用率、减低污染排放为目标的绿色工艺创新，能为企业大规模生产节约资源成本和减少污染罚款等，增强企业竞争力。

二、绿色技术创新加速传统产业技术改造和衰退

传统产业与先进产业相同，是一个相对概念，并没有明确概念界定，本书认为的传统产业是指经历一段时间高速发展，处于产业成熟期或衰退期的产业。传统产业具有发展放缓、经济效益增长有限、生态效益不佳的特点，其中还包含一部分高耗能高污染产业，例如煤炭、钢铁、纺织等。传统产业往往还具有一定竞争力，甚至在地区经济、产业结构中还占据重要位置。改变这些产业的生产方式或降低其在产业结构中所占比重，对于地区经济发展方式的转变、产业结构转型升级具有重要意义。

绿色技术创新可以通过新技术改造传统产业，使其转变为先进产业，进入下一轮产业生命周期，可增加先进产业在制造业中的比重，减少传统产业在制造业中的占比；绿色技术创新还可加速不符合市场要求的传统高耗能高污染行业退出市场，从而节约资源，优化资源配置，降低传统产业在制造业中的占比，从而推动制造业升级。

（一）加速传统产业技术改造

传统产业往往处于产业生命周期的成熟期或衰退期，绿色技术创新可通过对其进行技术改造，使其转变为先进产业，从而进入新的产业生命周期。

创新经济学家（Gerd Bender F 等，2006）认为，任何经济体的产业结构调整并不是全部来自先进产业的应景和衰退产业的退出，在很大程度上取决于已有产业的持续新转化。传统产业在增加值上往往还高于高技术产业、先进产业等，主要因为其已经发展了较长时间。传统产业的重要性还体现在产业关联，与其他产业之间联系紧密，先进产业与传统产业之间往往具有以投入产出为连接纽带的技术经济联系，采用绿色技术对传统产业进行改造也有利于先进产业的发展。因此，对于传统产业经济效益低

下、生态问题突出的问题，采用新技术对其进行改造，远比关闭停产、使其退出市场等行政手段有效。林学军（2012）认为多数企业是从高新技术嫁接、传统产业裂变、高新技术与传统产业融合中走上先进产业的道路的。

利用绿色技术创新对传统产业进行改造，使传统产业向先进产业转化，而不同产业的传统和产业所能利用的绿色技术以及升级转化方向是不同的。相比较而言，重化工业易于向新材料、新能源进行产品升级，电子信息制造及服务行业易于向新一代信息技术产业升级，传统装备制造业易于向智能装备制造业、新能源装备制造、高效节能产业升级，汽车能源及传统汽车行业易于向新能源汽车升级（张银银，2013）。

（二）加速传统产业衰退

对于处于衰退期，无法进行技术改造，产品已完全不符合市场需求，且高耗能、高污染的产业，绿色技术创新会加速这些产业的衰退进程，从而节约资源，优化资源配置，将有限资源用于更高效益的产业。

绿色技术创新加速传统产业衰退进程，主要是通过相对衰退实现的。吕明元将产业相对衰退解释为，产业因结构性原因或无形原因引起产业地位功能发生衰减的状况，这种状况不一定发生物质实体上的萎缩，但是，在这种情况下这个产业的物质实体最终是会萎缩的。绿色技术创新通过促进先进产业从无到有，通过对一部分传统产业进行技术改造，使得这些产业始终与新技术、新市场需求保持一致，具有较强的竞争力。相对而言，不进行绿色技术创新的传统产业的市场份额被抢占，竞争力下降，从而加速退出市场。这种衰退是合理的，只有不适应市场需求，经济效益较低甚至亏损，对环境的负面影响较大的产业加速退出市场，被这部分产业占有的生产要素才能实现重新配置，产业结构才能得以优化升级。

小结

本章构建了绿色技术创新对制造业升级促进作用的理论分析框架。首先，将可持续发展背景下制造业升级分为三种类型：集约化、清洁化和高级化；其次，在现有理论的基础上，筛选出这三类制造业升级的主要影响因素，并根据影响路径的不同，将影响因素分为间接因素和直接因素；最后，具体论述绿色技术创新间接和直接推动制造业集约化、清洁化、高级化的机理。

第三章

长江经济带绿色技术创新水平和制造业升级状况测度

对长江经济带绿色技术创新水平和长江经济带制造业升级状况进行测度是进行实证研究的第一步，利用长江经济带区域内数据，选择合适的测度方法对长江经济带绿色技术创新水平和制造业升级状况进行测度可使抽象化概念更加具体化，测度得出的数据也为第四章研究的开展奠定基础。

|第一节| 长江经济带绿色技术创新水平测度

对现有关于绿色技术创新测度方法的研究进行综述，分析优缺点后，最终选择绿色专利授权数作为长江经济带绿色技术创新水平的测度指标。

一、测度方法和指标选择

绿色技术创新的测度方法较多，也较为成熟，通过对现有文献的阅读，本书认为主要测度方法可分为投入法、产出法、投入产出法。

（一）投入法

一般而言，投入越多意味着产出水平也会相应提高，因此投入法是从绿色技术创新的投入角度出发，推测绿色技术创新水平。绿色技术创新的投入不仅包括传统技术创新所需的研发资金、研发人员，还需要考虑资源投入量。如王锋正等（2018）在对我国重污染行业进行实证研究时，采用研发投入与能源消耗量的比重作为绿色技术创新的主要衡量指标，其中研发投入、能源消耗量均为从投入角度选择的指标。但由于投入增加并不意味着产出一定增加，因此，单纯从投入角度测度绿色技术创新的研究还不多。

（二）产出法

产出法是指衡量绿色技术创新的产出，根据绿色技术创新内涵可将绿色技术创新产出分为两个阶段，第一阶段是绿色研发产出，即绿色专利；第二阶段产出为绿色研发成果经过扩散、市场转化形成实际价值，如新产品的销售收入。由于专利申请数量可直接代表创新结果，[①] 因此选择绿色专利作为测度指标的研究较多。由于绿色技术创新与传统技术创新不同，绿色技术创新测度指标的选取与传统技术创新也不同，需要选取与绿色技术创新相关的专利数。在绿色专利获取方法上，贾军等（2014）根据经济合作与发展组织（OECD）公布的《技术领域与 IPC 分类号对照表》建立环境技术领域与 IPC 分类的对应关系，从而获得绿色专利申请授权数；赵定涛等（2013）利用 Python 软件编程，在检索的专利信息中搜集"绿色技术"类别下的专利信息。

（三）投入产出法

投入产出法是综合考虑投入和产出两方面，从而对绿色技术创新进行评价的方法，投入产出法又可分为两种：指标法和全要素生产率法。

1. 指标法

指标法较为简单，是指在选择衡量指标时综合考虑了投入和产出。例

---

① 余东华、崔岩：《双重环境规制、技术创新与制造业转型升级》，《财贸研究》2019 年第7 期。

如，在绿色技术创新的衡量指标中，选择新产品销售收入与能源消耗量的比值作为绿色产品创新的衡量指标（王锋正等，2015；徐建中等，2018）。新产品销售收入为绿色技术创新的产出，能源消耗量则是绿色技术创新的投入。为解决单个指标选择难以全面测度变量的问题，也有学者综合绿色技术创新的投入和产出，构建指标体系进行度量，例如毕克新等（2013）从经济绩效、社会绩效、生态绩效三个角度构建指标体系对绿色工艺创新绩效进行评价。

2. 全要素生产率法

采用全要素生产率法衡量绿色技术创新绩效的研究较多，主要分为数据包络法（DEA）和随机前沿法（SBM）。刘英基（2019）采用SBM函数和Luenberger生产率指数法对绿色技术进步指标进行测算，将行业作为决策单元构造生产前沿面，在构成上包括绿色全要素生产率、技术进步和技术应用效率变化。尤济红等（2016）采用SBM函数和Global Malmquist-Luenberger（GML）生产率增长指数法对绿色技术创新进行测算。由于SBM函数法需要提前设定变量间的具体函数关系以及模型中随机扰动项的分布类型，因此，容易存在设定误差问题，而数据包络法则不存在这种问题，因而许多学者采用DEA对绿色技术创新进行测度。周力（2010）采用DEA函数和Malmquist方法对绿色技术创新进行测度。DEA模型一般基于投入导向，假定规模报酬不变，即CRS模型，在存在规模报酬递增情况时，可采用VRS模型，即规模报酬可变的DEA模型，如罗良文等（2016）、王海龙等（2016）。

二、绿色技术创新水平的测度

对长江经济带绿色技术创新进行测度是进行实证分析的前提，选择合适的测度方法和测度指标有利于科学衡量长江经济带的绿色创新水平，了解其具体状况及特点等。

（一）测度方法及指标选取

通过对绿色技术创新测度方法的梳理，本书认为采用产出法中的绿色专利申请授权量能较好测度一地区的绿色技术创新水平，原因如下：第一，三种绿色技术创新的测度方法中，产出法最为简明直接；由于投入与产出的关系并不明确，因而采用投入衡量绿色技术创新水平的方法不够准确；投入产出法多用来衡量绿色技术创新绩效，即衡量绿色技术创新的投入产出关系，侧重效率而非水平。第二，在产出法中，相对于其他产出测度指标，专利是与技术创新紧密相联的，能直接反映创新结果和地区创新能力。第三，受时滞等因素影响，与绿色专利申请量相比，绿色专利申请授权量更能反映当前时期的绿色创新能力。第四，绿色专利包含了绿色产品创新和绿色工艺创新，对绿色技术创新的测度较为全面。

（二）数据来源

研究对象是长江经济带 11 省市的绿色专利申请授权数，考虑数据可得性、统计指标的一致性等因素，将研究时间确定为 2013—2017 年。专利申请授权数据来源于中华人民共和国国家知识产权局，绿色专利数据的确定参考已有研究，① 根据世界知识产权组织（WIPO）确定的检索条目进行重新核算，其确定的"国际专利分类绿色清单"包括：替代能源生产类（alternative energy production）、交通运输类（transportation）、能源储存类（energy conservation）、废弃物管理类（waste management）、农林类（agriculture/forestry）、行政监管与设计类（administrative, regulatory or design aspects）、核电类（nuclear power generation）。

（三）测度结果

依据上述方法检索得到的 2013—2017 年长江经济带 11 省市绿色专利申请授权量如表 3-1 所示。

---

① 奇绍洲、林屾、崔静波：《环境权益交易市场能否诱发绿色创新？——基于我国上市公司绿色专利数据的证据》，《经济研究》2018 年第 12 期，第 129—143 页。

表3-1　2013—2017年长江经济带11省市绿色专利申请授权数

单位：个

年份		2013	2014	2015	2016	2017
长江三角洲地区	上海	1064	1052	1561	1943	1940
	江苏	2165	2142	3313	4071	4268
	浙江	1105	1203	1794	2339	2502
	安徽	342	399	643	1029	1129
	总量	4676	4796	7311	9382	9839
中游地区	江西	100	102	136	207	233
	湖北	538	596	784	915	1099
	湖南	468	444	666	848	1063
	总量	1106	1142	1586	1970	2395
上游地区	重庆	292	245	365	468	570
	四川	475	572	769	1138	1261
	贵州	75	86	133	171	190
	云南	193	195	236	298	332
	总量	1035	1098	1503	2075	2353
长江经济带		6817	7036	10400	13427	14587

资料来源：根据国家知识产权局检索数据整理所得。

|第二节|　长江经济带制造业升级测度

按照上节分析结果，长江经济带制造业升级状况的测度分别按照长江经济带制造业集约化、清洁化和高级化三个方向进行测度，首先为各个方向选择合适的测度指标，再依据指标选择合适的测度方法进行测度。

一、测度方法及其选择

（一）产业升级的测度方法综述

目前对于制造业升级或产业升级的具体测度方法的选择主要依靠研究

目的和内涵界定，由于研究目的和内涵界定的不同，制造业升级或产业升级的测度方法也各有不同。传统对产业升级的测度多从产业结构演进规律的角度出发，测度三次产业产值占比情况，劳动密集型、资本密集型与技术密集型产业间结构变动情况等。考虑资源环境约束的产业升级测度方法在传统产业升级测度方法的基础上，将资源环境因素纳入测度范围。通过对现有研究进行梳理，考虑资源环境因素的产业升级测度方法大体可分为六种：综合指标法、全要素生产率对产业增长的贡献率法、资源环境脱钩法、污染得分法、产业结构变动法和绿色全要素生产率法（胡安军，2019）。

1. 综合指标法

综合指标法是根据产业升级的内涵构建多维度的综合评价指标体系，对产业升级的现状进行测度和评价的方法。曹贤忠等（2014）构建包括目标层、表达层和指标层的三个维度的评价指标体系，其中目标层包括抗风险能力、技术创新能力、经济效益、资源利用、环境污染五个目标，采用熵权法对指标进行权重赋值。彭星（2016）构建的指标体系也由三级指标组成：一级指标为发展方式转型、结构优化、节能减排、绿色技术创新；二级指标为工业结构升级、产业结构优化、资源节约、能效提高、污染减排、绿色治理投资和绿色技术研发、科技创新自主化、要素使用集约化、人力资本改善化；三级指标在此基础上共细分为 27 个指标，同样利用熵权法为指标权重赋值。

2. 全要素生产率对产业增长的贡献率法

产业升级的本质就是改变产业发展方式，提高产业生产率对产业产出增长的贡献，全要素生产率是用来衡量产业生产率的重要方法，因此可用产业的全要素生产率对产业产出增长的贡献率来衡量产业发展方式的改变情况。传统的全要素生产率测算未考虑资源环境因素，若将资源环境因素考虑在内，将期望产出和非期望产出纳入核算范围，则可得绿色全要素生产率，绿色全要素生产率对产业产出增长的贡献率即为考虑资源环境因素的产业升级状况（彭星，2016）。

3. 资源环境脱钩法

脱钩法是基于脱钩理论，对产业升级状况进行测度，脱钩理论多被应用于研究经济增长与资源环境的关系，如夏勇（2017）、车亮亮（2015）。卢强等（2013）则利用脱钩理论对广东省工业绿色转型升级状况进行评价，研究广东省资源环境与产业增长的关系，环境压力及资源消耗的强度慢于工业增长的强度时，工业的持续增长不依赖于资源环境投入的增加，即工业增长与资源环境实现脱钩，也即工业实现绿色转型升级。

4. 污染得分法

污染得分法是指对不同产业的污染物排放情况进行打分，区分出污染行业和清洁行业，由此分析行业整体污染排放情况以及行业内污染产业与清洁产业的占比情况，从而对产业升级状况作出评价。童健等（2016）以各行业污染排放强度的中位数作为划分依据，将工业行业划分为清洁行业和污染行业，使用清洁行业总产值与污染密集行业总产值之比度量工业行业结构。

5. 产业结构变动法

产业结构变动法主要依据产业结构演进规律，按照三次产业划分依据、不同要素密集度划分依据、不同附加值等划分依据，将行业划分为不同种类，通过分析不同类别产业在总产业中的占比情况，分析产业升级状况。王立国等（2015）对产业结构合理化的度量中使用第三产业增加值与第二产业增加值之比作为衡量指标；吴福象等（2013）使用第三产业比重衡量产业结构的变动；阳立高等（2018）将 31 个制造业细分行业分为劳动、资本、技术密集型制造业三大类型，分别用不同类型制造业生产总值与制造业工业总产值之比衡量制造业升级状况。

6. 绿色全要素生产率法

绿色全要素生产率是指考虑资源环境因素的生产率，资源环境因素的产业升级可用绿色生产效率进行衡量，而绿色全要素生产效率是测度绿色生产效率的重要方法。绿色全要素生产率首先被用于测度经济发展方式的转变情况，可测度除资本、劳动等生产要素以外的因素对经济增长的贡献，将期望产出和非期望产出纳入测度模型的绿色全要素生产率可用来测度产业绿色转型水平（岳鸿飞，2017；齐亚伟，2018）。

（二）长江经济带制造业升级的测度方法选择

以上六种测度方法各有优劣，要根据研究目的和产业升级的内涵选择合适的测度方法。其中，综合指标法具有评价较为全面的优点，但也存在一般综合指标法所存在的指标设置标准不一致、指标重复、权重赋值具有主观性等缺点。全要素生产率对产业增长的贡献率法利用全要素生产率增长率与产业增长变化率的比值衡量产业转型，但全要素生产率的增长率较小，而产值变化率较大，因此计算结果数值偏小，不能很好地反映实际产业升级状况。污染得分法存在污染物选择问题和权重赋值问题。资源环境脱钩法在评价绿色转型时具有参考价值，但不适合做实证研究。产业结构变动法为测度产业升级提供一种思路，但将产业结构演进规律作为判断产业升级的标准，这本身就存在不合理性，例如第三产业占比的增加并不足以说明产业结构更加合理。绿色全要素生产率法也存在计算方式多样、指标选取复杂等缺点。

结合本书对制造业升级的内涵界定以及长江经济带制造业发展的实际状况，长江经济带制造业升级的测度应综合考虑价值提升、资源节约和环境保护。在上述产业升级的测度方法中绿色全要素生产率是能衡量资源环境因素的生产率提升状况的，是对制造业整体效率提升状况进行测度。根据制造业升级内涵界定，制造业升级不仅包括整体产业升级，也包括制造业结构升级，因此产业结构变动法也是衡量制造业升级的重要方法。其中清洁产业占比状况是直接关系到长江经济带绿色发展的，因此选择制造业清洁化转型作为衡量指标之一。高技术产业具有高附加值、高技术含量，同时也被公认为天然的绿色产业，因此采用高技术产业在制造业中的占比状况，即制造业的高级化转型作为衡量长江经济带制造业升级状况的另一大指标。

二、集约化状况测度

长江经济带制造业产业升级的测度的重要内容是评价长江经济带制造业产业集约化发展的水平，通过上述分析可知，可通过长江经济带制造业绿色全要素生产率的指标进行测度。

(一) 全要素生产率的测度方法

生产率是指投入产出比，按照要素投入的不同可分为单要素生产率、多要素生产率和全要素生产率，以一般的三要素生产函数为例：$Y = Af(K, L, E)$，其中 Y 为产出，K 为资本投入，L 为劳动力投入，E 为能源资源投入。则单要素生产率是指某一投入要素与产出的关系，例如资本的生产率为 Y/K；多要素生产率是对不同投入要素进行权重赋值，加总后得到的投入产出关系。

全要素生产率的衡量方法分为参数估计法、半参数估计法和非参数估计法。参数估计法包括索洛余值法、近似全要素生产率法（ATFP）、随机前沿分析法（SFA）等；半参数估计法是对产出的主要作用因素建立参数关系，对产出的其他未知影响因素建立非参数关系，将二者共同纳入生产函数加以估计，主要包括 Olley-Pakes（OP）方法和 Levinsohn and Petrin（LP）方法等。非参数估计法包括数据包络法（DEA）和指数法。参数估计法和半参数估计法都需要对生产函数进行设定，而非参数估计法无须设定函数，可利用线性优化给出边界生产函数与距离函数的估算。其中 DEA 是利用线性规划对决策单元的多投入和多产出进行效率评价的方法，在全要素生产率的估计中广为应用。

（二）绿色全要素生产率的测度方法

早期关于经济增长的研究并未将能源要素纳入生产函数，随着资源环境约束的增加，开始有学者将能源要素纳入生产函数，测算出能源生产效率，即产出与能源投入之比，这是与劳动生产率、资本生产率相似的单要素生产率。后期研究中，也有学者基于距离函数测算出决策单元的最优能源投入量，再将目标投入量与实际的投入量之比作为能源效率。

单要素生产率评价方法不够全面，因此，有学者将能源要素投入纳入全要素生产率的测算框架，测算出考虑了能源要素投入的全要素生产率。但这种方法也不够全面，考虑环境因素的全要素生产率测算，不仅在投入上要加入能源要素，考虑到环境污染的重要性，也需要在产出中加入非期望产出，这时采用 DEA 评价方法就会出现问题。因此，Charnes 等人采用 DEA 模型首次用线性规划直接估计出 Shephard 距离函数，基于距离函数的研究框架，有学者将污染排放产出取倒数或乘以"－1"与期望产出一起作为合意产出。这种方法虽然解决了期望产出与非期望产出方向不同的问题，却可能使模型变为非凸函数。此后，Chambers 等人在 Shephard 距离函数基础上提出方向距离函数，使产出与非期望产出具有"方向性"，利用方向性距离函数能很好解决非期望产出问题，这一方法被称为基于方向性距离函数的 DEA 测算方法，即 SBM－DEA 模型。

当前对于绿色全要素生产率的测算大多采用基于方向性距离函数的 DEA 模型，这一方法能将能源投入和非期望产出同时纳入测算模型，使测算结果更加符合实际，也能考虑多种投入和多种产出，因此应用范围较广。SBM－DEA 模型可分为两种：Malmquist-Luenberger（ML）生产率指数法和基于 SBM 的 Luenberger 生产率指数法。ML 生产率指数法采用具有非径向和角度的 DEA 模型分析方向性距离函数，当存在冗余投入或产出不足时，使用具有径向的 DEA 模型往往会高估生产效率，具有角度的 DEA 模型往往会忽视投入或产出的某一方面，使得测度结果不准确。基于 SBM 的 Luenberger 生产率指数法对绿色全要素生产率的测度较为科学。

因此，本书也采用基于 SBM 的 Luenberger 生产率指数法测度绿色全要素生产率，并用绿色全要素生产率作为制造业绿色效率的代理变量。

（三）长江经济带制造业绿色全要素生产率测度

1. 制造业绿色生产效率函数

将长江经济带内各省份分别作为一个决策单元，假设每个决策单元制造业部门投入的生产要素 X 包含 N 种，即 $X = (x_1, x_2, \cdots, x_N) \in R_N^+$；产出包含期望产出 Y 和非期望产出 b，期望产出 Y 有 M 种，即 $Y = (y_1, y_2, \cdots, y_M) \in R_M^+$，非期望产出 b 有 I 种，即 $b = (b_1, b_2, \cdots, b_I) \in R_I^+$。制造业生产的可能性集合用 P（X）表示，表达式为：

$$P(X) = \{(y, b) : X \rightarrow (y, b)\}, x \in R_N^+, y \in R_M^+, b \in R_I^+$$

式（3-1）

根据 Chung et al（1997）对方向性距离函数关于生产可能性集合的定义，假定制造业绿色生产集合是封闭有界的，生产可能性集合满足投入和期望产出的强可处置性，非期望产出满足弱可处置公理，期望产出和非期望产出相伴而生，即（y，b）$\in P$（x），当 $y = 0$ 时，则 $b = 0$，当减少期望产出时，非期望产出也在一定程度上减弱。

假设第 K（$K = 1, 2, \cdots, K$）个区域在 t（$t = 1, 2, \cdots, T$）时期的要素投入和产出的组合为 (x_k^t, y_k^t, b_k^t)，使用 DEA 模型将满足上述约束条件的生产可能性集模型化：

$$P^t(x^t) = \begin{cases} (y^t, b^t, x^t) : \sum_{k=1}^{K} z_k^t y_{km}^t, m = 1, 2, \cdots, M; \\ \sum_{k=1}^{K} z_k^t b_{ki}^t \leqslant b_{ki}^t, i = 1, 2, \cdots, I; \\ \sum_{k=1}^{K} x_k^t b_{ki}^t \leqslant x_{kn}^t, n = 1, 2, \cdots, N \end{cases} \quad 式（3-2）$$

其中 z_k^t 为每一个决策单元的权重。

2. 构建方向性距离函数

方向性距离函数（DDF）一方面希望产出向着生产前沿面移动，另一方面希望污染排放向着最小化方向移动。在前文的假设条件下，构建方向性距离函数即可计算出每个决策单元的相对效率，表达式为：

$$\vec{D}_0(x,y,b;g) = \sup\{\beta:(y,b) + \beta g \in P(x)\} \qquad 式 (3-3)$$

其中，g 为方向向量，根据方向距离函数的内涵，构建方向性距离函数（见图 3-1）。

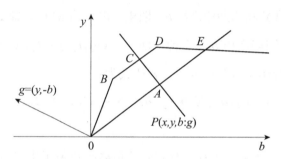

图 3-1 生产可能性边界和方向性距离函数

图中 b 轴代表非期望产出，y 轴代表期望产出，$OBCDE$ 为生产可能性边界，生产可能性集为 $OBCDE$ 与 b 轴之间的区域。假设 $g = (y, -b)$ 代表一个方向性向量。DDF 表示在给定投入向量 x 的情况下，能够沿着方向向量 g 扩展产出向量 (y, b) 的最大倍数。在不考虑非预期产出的情况下，预期产出和非预期产出会同时增加，换句话说，点 A 会按比例投射到点 C。但当考虑到非预期产出时，生产决策单元 A 将沿着方向向量 $g = (gy, -gb)$ 扩展到生产可能性边界上的点 B，这意味着同时实现最大化产出和最小化污染的目标。当存在两种以上的产出时，可以利用线性规划模型来解决问题。

当非期望产出满足"强可处置"条件时，企业非期望产出的变化不受约束，当非期望产出满足"弱可处置"条件时，企业非期望产出的减少会伴随着期望产出的减少。当企业沿向量 $g = (y, -b)$ 由 A 点移动到 B 点时，表明效率改善和技术进步，意味着绿色全要素生产率的提高。

$A\ (y,\ b)$ 所在的生产集用 $P\ (x)$ 表示，方向性距离函数可以沿着 ABD 的方向同时实现期望产出的增加和非期望产出的减少。DDF 的具体形式可用下式表示：

$$\vec{D}_0(x^{t,k}, y^{t,k}, b^{t,k}: y^{t,k}, -b^{t,k}) = \max\beta$$

$$s.t. \begin{cases} \sum_{k=1}^{K} z_k^t y_{kn}^t \geqslant (1+\beta) y_{kn}^t, m=1,2,\cdots,M; \\ \sum_{k=1}^{K} z_k^t b_{ki}^t = (1-\beta) b_{ki}^t, i=1,2,\cdots,I; \\ \sum_{k=1}^{K} z_k^t x_{kn}^t \leqslant x_{kn}^t, n=1,2,\cdots,N; \\ z_k^t \geqslant 0; k=1,2,\cdots,N \end{cases} \quad 式（3-4）$$

3. 长江经济带制造业绿色全要素生产率测度指标与数据来源

根据以上模型的构建过程可知，对长江经济带制造业绿色全要素生产率的测度是否准确还与指标选择以及数据选择息息相关。绿色全要素生产率的测度需要明确投入和产出指标，投入指标包括劳动投入、资本投入和能源投入；产出指标包括期望产出和非期望产出，指标选取过程如下。

一是劳动投入。选择规模以上制造业企业平均从业人数来作为绿色全要素生产率核算劳动投入的指标，是学界的普遍做法（陈玉龙等，2017；张纯洪等，2014；蔡宁，2014）。出于数据的可得性考虑，本书也选用了2012—2016年区域规模以上制造业企业年平均从业人数作为劳动投入的度量标准，数据来源于 EPS 数据平台中国工业经济数据库。

二是资本投入。通常有三种方法来衡量资本投入。第一种方法是利用资本存量作为代理变量，使用永续盘存法（PIM）核算资本存量。在估算资本存量时，大多数研究（余泳泽，2017；惠树鹏等，2017）采用张军等（2004）和单豪杰（2010）提出的永续盘存法计算公式。该方法尽管在理论分析上比较合适，但对数据的要求较高，需要获取期初的资本存量和各研究期的固定资产投资额以及固定资产投资价格指数，还需要对固定资产折旧率进行估算。然而，对于长江经济带的制造业而言，很难获取上述数据。此外，该方法在期初资本存量和折旧率上尚未得出一致标准，因此测算结果可能存在较大差异。第二种方法是使用各年度的固定资产投资额。这种方法较为简单，但只考虑当年的资本投入，未考虑以往年份的资本投入对当期产出的影响，与现实情况不符。第三种方法是使用固定资产投资净值作为固定资本存量的替代变量，这种做法借鉴于原毅军等人（2016）的研究。固定资产净值是固定资产原值减去累计折旧。本书参考了陈玉龙（2017）和谢荣辉（2017）的方法，使用制造业规模以上企业的固定资产投资净值来衡量资本投入，数据来源于 EPS 数据平台中国工业经济数据库。为了确保数据的可比性，利用固定资产投资价格指数将名义值调整至以 2011 年为基期的实际值，该价格指数来源于《中国统计年鉴》。

三是能源投入。借鉴现有研究（李平，2017），根据数据的可得性，使用区域规模以上企业能源消费量衡量，本书根据 EPS 数据平台中国能源数据库中各类能源平衡表数据，统计出各类能源的工业能源消费量，剔除有缺失值能源种类，最终选择煤、洗精煤、原油、煤油、柴油、燃料油、炼厂干气、液化气、电力共计 9 种能源，选择 2011—2016 年的数据，根据《中国能源统计年鉴 2018》附录中的折合系数，将各类能源消费量折合为万吨标准煤进行加总，得到各地区以及长江经济带工业能源消费量，用以测度长江经济带制造业的能源投入。

四是期望产出。现有研究多使用工业总产值衡量期望产出，由于地区制造业总产值和增加值数据不易获得，考虑数据可比性，使用工业品出厂价格指数，以 2012 年为基期对其进行平减，工业品出厂价格指数来源于《中国统计年鉴》。

五是非期望产出。对于非期望产出的衡量，学界对污染物排放选取的标准并不统一。谢荣辉（2017）、原毅军等（2016）选择二氧化碳排放量作为非期望产出指标；张纯洪等（2014）、杨文举等（2012）选取工业二氧化硫排放量和工业废水中的化学需氧量排放量；申晨等（2017）选取二氧化硫、化学需氧量、温室气体二氧化碳；陈玉龙等（2017）选取工业三废，即工业废水排放量、工业废气排放量、工业固体废弃物排放量作为衡量指标；Manabi 等（2006）不仅选择了工业三废排放量，还研究了工业废气中的二氧化硫、工业烟尘、工业粉尘的排放量，工业废水中的化学需氧量、六价铬、铅等污染物排放量。尽管污染物的选择各不相同，但均属于工业三废（废水、废气和固体废弃物）。因此，本书借鉴上述研究，选择工业三废作为制造业非期望产出衡量指标，由于地区分行业的污染物排放量不易获得，且制造业也是工业三废的排放主体，由于地区工业固体废弃物排放量数据不易获得，采用各省市工业废水排放、废气排放衡量制造业的非期望产出，2011—2015 年数据来源于 EPS 数据平台中国环境数据库，2016 年数据来源于各省（直辖市）生态环境统计年报。

结合以上指标选择标准、统计标准的一致性和数据可得性，本书选择2011—2016 年共 6 年的数据，对长江经济带制造业绿色全要素生产率进行测度。

4. 长江经济带制造业绿色全要素生产率的测度结果

使用 MAXDEA 软件进行计算，计算结果如表 3-2 所示，表中列出了2013—2016 年长江经济带各省、区域整体的绿色全要素生产率，其中长江经济带及各区域的绿色全要素生产率是根据各省级数据加权平均所得，均值部分为年平均绿色全要素生产率。

表 3-2　长江经济带制造业绿色全要素生产率测算结果

年份		2013	2014	2015	2016	均值
长江 三角洲	上海	0.027	0.054	0.05	0.055	0.043
	江苏	0.042	0.047	0.018	0.014	0.027
	浙江	0.04	0.045	0.015	0.003	0.023
	安徽	0.027	0.008	0.009	0.457	0.211
	总量	0.034	0.0385	0.023	0.13225	0.076

（续表）

年份		2013	2014	2015	2016	均值
中游地区	江西	−0.012	−0.051	−0.026	0.018	0.01
	湖北	0.1	0.464	0.024	0.029	0.169
	湖南	0.058	0.037	−0.001	0.003	0.219
	总量	0.049	0.15	−0.001	0.017	0.06
上游地区	重庆	0.104	−0.076	0.012	−0.005	0.013
	四川	0.062	0.038	0.063	0.413	0.217
	贵州	0.182	−0.063	0.034	−0.037	0.019
	云南	0.018	0.028	0.016	0.014	0.019
	总量	0.092	−0.018	0.031	0.096	0.07
长江经济带		0.062	0.051	0.017	0.085	0.067

三、清洁化状况测度

（一）测度方法选择

通过对现有研究中产业转型升级测度方法的梳理可知，产业结构变动法是衡量产业升级的重要测度方法，主要将产业分为若干大类，分析其中某一类产业在整体产业中的占比情况，按照一定标准判断产业结构的变动情况。例如将产业分为清洁产业、污染密集型产业，比较二者的占比情况，分析行业是否实现绿色转型（童健，2016）；将制造业分为资本密集型产业、技术密集型产业、劳动密集型产业，分析制造业行业间结构升级状况（张明志等，2011）。

根据长江经济带"生态优先、绿色发展"的主要发展方向，以及前文对制造业升级的内涵界定，制造业升级不仅需要考虑制造业整体生产效率，还需要考虑结构变动情况，且实现环境保护的绿色发展方式是长江经济带制造业升级的重要方向，是否实现绿色转型也是判断制造业升级与否的重要指标。

结合绿色发展目标和产业结构变动法的测度方法，本书借鉴童健

（2016）的研究，将制造业分为清洁产业和污染密集型产业，将二者产值比重作为衡量制造业产业结构清洁化程度的指标。

（二）长江经济带制造业清洁化测度

首先对制造业细分行业进行分类，其分类方法为计算出制造业各细分行业的污染排放强度，按照中位数将制造业细分行业分为清洁行业和污染密集型产业。对于污染强度的计算，国外学者常使用两种方法：一是采用减污成本和支出指标代替，二是将各种污染加总衡量。由于行业异质性和污染物的不可相加性，这两种方法都较为粗糙（李玲等，2012）。污染排放强度的计算方法步骤为：

第一步，计算出各细分行业的单位产值污染排放，计算公式为：

$$UE_{ij} = \frac{E_{ij}}{Y_i} \qquad 式（3-5）$$

其中 E_{ij} 为行业 i（$i=1, 2, \cdots, m$）的主要污染物 j（$j=1, 2, \cdots, n$）的排放量，Y_i 为制造业各细分行业的总产值。

第二步，对计算结果进行线性标准化计算：

$$UE_{ij}^S = [UE_{ij} - \min(UE_j)]/[\max(UE_j) - \min(UE_j)]$$

$$式（3-6）$$

其中，UE_{ij}^S 即为行业单位污染排放的标准值。

第三步，将上述污染排放得分进行等权加和平均，计算出废水、废气和固体废弃物的平均得分：

$$NUE_{ij} = \sum_{j=1}^{n} UE_{ij}^S / n \qquad 式（3-7）$$

第四步，将平均得分汇总，得出产业历年总的污染排放强度系数的平均值。

根据上述计算制造业各细分行业的污染排放强度的计算方法和《中国统计年鉴》（2014—2018年）相关数据，对各行业污染排放强度进行核算，依据污染排放强度大小将制造业分为清洁行业、中性行业和污染行业（见表3-3）。

表3-3　依据污染排放强度对制造业的分类

分类	具体产业
清洁行业	烟草加工、专用设备、仪器仪表、交通设备、通用设备、家具制造、木材加工、印刷媒介、通信设备、电气机械
中性行业	食品制造、医药工业、农副加工、文教体育、皮革毛羽、橡胶制品、塑料制品、金属制品、纺织服装
污染行业	造纸制品、石油加工、非金制造、化学工业、化学纤维、黑金加工、饮料制造、纺织业、有色金属加工

本书使用清洁行业占行业总体比重测度制造业总体的清洁化情况，采用长江经济带清洁行业的主营业务收入与制造业总体主营业务收入的比重对制造业清洁化情况进行衡量（见表3-4）。

表3-4　2012—2017年长江经济带制造业清洁行业占比情况

单位：%

年份		2012	2013	2014	2015	2016
长江三角洲	上海	43.48	42.16	42.79	43.82	42.36
	江苏	42.39	41.79	41.99	42.17	42.07
	浙江	29.86	30.33	30.68	31.63	32.33
	安徽	31.1	32.14	32.97	34.21	34.28
	总量	36.71	38.08	38.4	39.03	38.96
中游地区	江西	20.46	20.92	21.01	22.32	23.35
	湖北	17.44	18.6	19.53	20.39	20.94
	湖南	33.23	33.25	33.38	34.24	32.6
	总量	23.71	23.96	24.26	25.32	25.4
上游地区	重庆	37.96	38.61	39.26	38.43	38.95
	四川	29.68	30.79	30.63	30.33	30.86
	贵州	19.39	18.15	19.55	21.3	20.92
	云南	24.78	25.05	24.61	28.04	26.73
	总量	27.95	30.93	31.2	31.48	31.71
长江经济带		29.98	33.85	34.07	34.63	34.55

资料来源：根据EPS数据平台中国工业经济数据库整理所得。

四、高级化状况测度

(一) 测算方法选择

高技术产业通常被认为是具有高技术含量、高附加值的产业，天然具有节约资源、保护环境的特点，因此在考察产业升级时，有学者将高技术产业在行业中占比情况用于测度产业升级状况。在测度方法的选择上，多数学者使用高技术产业产值与工业总产值的比值进行度量，如肖兴志等 (2013)，由于制造业总产值已经不再公布，为避免采用其他方法计算工业总产值时带来的测算误差，本书采用规上企业主营业务收入指标进行替代，因为主营业务收入可反映当前企业的经营规模，且数据易得。

(二) 长江经济带制造业高级化测度

高技术产业或高新技术产业的界定，是依据 2017 年国家统计局对高技术产业 (制造业) 的界定，指国民经济行业中 R&D 投入较高的行业，共包括六大类：医药制造，航空、航天器及设备制造，电子及通信设备制造，计算机及办公设备制造，医疗仪器设备及仪器仪表制造，信息化学品制造。

依据数据可得性，高技术产业数据来源于 EPS 数据平台中国高技术产业数据库，其中信息化学品制造业 2012 年、2013 年的数据均缺失，为了保证计算结果的可比性，将这一行业数据剔除，采用其他五个高技术产业的主营业务收入总和。制造业行业整体的主营业务收入采用规上企业主营业务收入，数据来源于 EPS 数据平台中国工业经济数据库。测度结果如表 3-5 所示。

表 3-5　2012—2016 年长江经济带高技术制造业行业占比情况

单位:%

年份		2012	2013	2014	2015	2016
长江三角洲	上海	21.9	20.54	20.79	22.07	21.32
	江苏	20.04	19.43	19.15	19.46	19.51
	浙江	7.48	7.72	8.08	8.84	9.5
	安徽	5.86	6.29	7.67	8.61	9.21
	总量	15.76	15.35	15.42	16.04	16.18

（续表）

年份		2012	2013	2014	2015	2016
中游地区	江西	8.97	9.18	9.05	9.87	10.78
	湖北	6.95	6.94	7.67	8.75	9.45
	湖南	7.66	9.02	9.37	10.02	10.05
	总量	7.74	8.24	8.61	9.48	10.04
上游地区	重庆	16.09	18.39	19.84	20.55	22.07
	四川	15.15	17.01	16.89	15.64	16.36
	贵州	5.33	4.22	3.49	2.93	2.48
	云南	3.52	3.81	3.85	4.41	5.59
	总量	12.98	14.52	14.82	14.46	15.35
长江经济带		8.7	9.42	9.92	10.48	11.2

资料来源：根据 EPS 数据平台中国工业经济数据库、中国高技术产业数据库整理所得。

|第三节| 测度结果分析

对于上述测度结果，即长江经济带绿色技术创新水平、长江经济带制造业集约化状况、长江经济带制造业清洁化状况、长江经济带高级化状况，分别从区域整体和上中下游区域进行分析。

一、长江经济带绿色技术创新水平测度结果分析

为更清晰看出长江经济带及不同区域间绿色专利申请授权数的变化情况，利用表 3-1 中的数据绘制图 3-2。

从表 3-1 和图 3-2 可以看出，2013—2017 年长江经济带绿色专利申请授权量是在逐年增加的，表明长江经济带绿色技术创新能力在不断增强。分地区来看，11 省市绿色技术创新水平差异较大，长江经济带中长三角地区绿色技术创新水平明显高于其他区域，长江经济带中游和上游地区

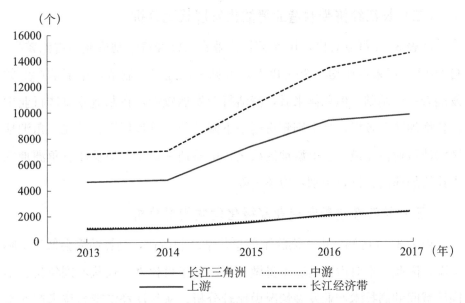

图 3 - 2　2013—2017 年长江经济带及三大区域绿色专利授权数

数据来源：根据国家知识产权局检索数据整理所得。

与之相比，差距较大；长江经济带中游地区与上游地区绿色专利申请授权总量大体相当，其中中游地区的江西，上游地区的贵州、云南绿色技术创新水平较低，但均在逐年提升。

二、长江经济带制造业升级状况测度结果分析

(一) 长江经济带制造业集约化发展状况分析

从表 3-2 中可以看出长江经济带制造业整体的绿色全要素生产率均大于 0，说明长江经济带制造业发展是有效率的，由于样本量较少，较难看出变化趋势，在考察期绿色全要素生产率有上升也有下降，可见长江经济带制造业的生产绩效并不稳定。分区域看，虽然区域间制造业绿色全要素生产率的差距不大，但从考察期均值可以看出，三大区域绿色全要素生产率整体也呈现出长江三角洲地区大于中游地区、中游地区大于上游地区的现状。

（二）长江经济带制造业清洁化发展状况分析

从表 3 - 4 可以看出，10 个清洁产业在长江经济带制造业中占比较高，自 2013 年以来占比均在 30% 以上，可见长江经济带制造业中清洁产业的发展有一定基础。但总体来看，清洁行业发展较慢，在制造业总体行业中占比增加速度较慢，且个别年份还呈下降趋势。分地区看，长江三角洲地区清洁行业占比最多、上游地区次之、中游地区最少，但长江三角洲地区占比增加速度较慢，个别年份还下降。

（三）长江经济带制造业高级化发展状况分析

由表 3 - 5 可知，由于剔除了信息化学品制造业，测算结果会低于实际情况，因此，不对占比情况本身做分析。基于可比性，仅从不同年份、不同区域间的高技术产业发展情况做比较分析。从长江经济带高技术产业整体发展情况看，2012—2016 年，高技术产业在行业中的占比是不断提升的，说明长江经济带制造业不断实现高级化转型。

从长江经济带不同区域看，三大区域的高技术产业行业占比均在不断提高，2012—2016 年，长江三角洲地区高技术产业占比从 15.76% 增长至 16.18%，中游地区从 7.74% 增长至 10.04%，上游地区从 12.98% 增长至 15.35%。从不同省份情况看，长江三角洲地区的上海、浙江高技术产业占比较高，上游地区的重庆、四川占比情况也较为可观，但上游地区省份间差距较大，其中贵州和云南为长江经济带区域内高技术产业行业占比最低，且与其他省份差距较大。

小结

本章主要利用 EPS 数据库、国泰安数据库、各省市统计年鉴等数据资料，使用 MAXDEAP、EXCEL 等软件，测度出长江经济带绿色技术创新水平、长江经济带制造业升级状况。长江经济带绿色技术创新水平的测度主要使用区域内绿色专利申请授权数进行衡量。长江经济带制造业升级状

况主要分为长江经济带制造业绿色全要素生产率、长江经济带制造业清洁
化水平、长江经济带制造业高级化水平，用以衡量长江经济带制造业的价
值提升、资源节约和环境保护状况。其中绿色全要素生产率的测算采用
SBM - DEA 的方法，将资源能源的投入以及污染物排放等非期望产出都
纳入模型进行考虑；长江经济带制造业清洁化水平的测算，借鉴现有研究
成果，根据污染排放强度对制造业产业进行划分，将污染排放强度较低的
产业界定为清洁产业，而清洁产业在制造业总体中所占比重为清洁化水
平；长江经济带高级化水平的测算则类似于清洁化水平的测算，使用高技
术产业占制造业总体的比重进行衡量。

第四章

绿色技术创新对长江经济带制造业升级的
间接促进作用检验

第二章从理论角度对绿色技术创新如何影响制造业升级的内在机理进行了详细分析，但是理论分析存在假设条件多、过于理想化等缺点，有必要利用实际数据对理论分析进行验证。本章主要利用长江经济带相关数据以及第三章关于长江经济带绿色技术创新水平和制造业升级状况的测度结果，对前一章理论分析结论进行检验，主要检验内容为：第一，绿色技术创新是否能够推动长江经济带制造业升级；第二，是否存在"经济增长效应"和"成本替代效应"。根据需要检验的内容，本书选择中介效应模型。

|第一节| 中介效应模型构建

一、中介效应模型及 sobel 检验

自变量 X 对因变量 Y 的影响，如果 X 通过影响变量 M 对因变量 Y 产生影响，则称 M 为中介变量；如果 X 必须通过影响 M，才能影响 Y，则称 M 的影响为完全中介效应；如果 X 通过 M，才可以影响 Y，且 X 自身

也能对 Y 产生影响，则称 M 为部分中介效应。根据温忠麟等（2014）[①]，中介效应模型可用如下回归方程描述：

$$Y = cX + e_1 \qquad\qquad 式（4-1）$$

$$M = aX + e_2 \qquad\qquad 式（4-2）$$

$$Y = c'X + bM + e_3 \qquad\qquad 式（4-3）$$

其中，式 4-1 中的 c 为自变量 X 对因变量 Y 的影响效应；式 4-2 中的 a 为自变量 X 对中介变量的影响效应；式 4-3 中的 b 是控制了自变量 X 对因变量 Y 的影响后，中介变量 M 对因变量 Y 的影响效应；系数 c' 是控制了中介变量对因变量 Y 的影响效应后，自变量 X 对因变量 Y 的直接影响效应；e_1，e_2，e_3 为残差。相应的路径图如图 4-1 所示。

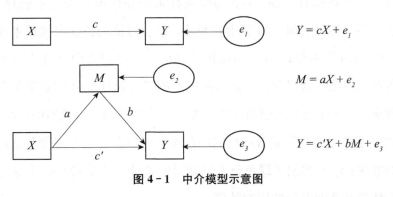

$$Y = cX + e_1$$

$$M = aX + e_2$$

$$Y = c'X + bM + e_3$$

图 4-1 中介模型示意图

对中介模型的检验，最常用的是逐步回归法，逐步检验回归系数：第一步，检验式 4-1 中的系数 c 是否显著，如果 c 不显著，则为遮掩效应，直接停止检验；如果 c 显著，则进行第二步检验。第二步，依次检验式 4-2 的系数 a 和式 4-3 的系数 b，如果 a，b 均显著，则必然存在中介效应；如果至少存在一个系数显著，则进入第四步。第三步，根据第二步检验结果，如果 c' 不显著，则说明中介效应是完全的；如果 c' 显著，则说明存在部分中介效应。第四步，进行 sobel 检验，sobel 检验的统计量 $Z = ab / \sqrt{a^2 S_c^2 + b^2 S_a^2}$，其中 S_c^2，S_a^2 分别为系数 c'，a 的标准差。如果该统计量通过了显著性检验，

---

① 温忠麟、叶宝娟：《中介效应分析：方法和模型发展》，《心理科学进展》2014 年第 5 期。

则可返回第三步进行中介效应计算；反之，则说明中介效应不显著。

二、检验模型构建

依据以上理论，按照 Baron 等（1986）提出的方法，结合本节研究目的，构建如下中介效应模型：

$$IU_{it} = \alpha_0 + \alpha_1 GT_{it} + \delta X_{it} + \mu_{it} \qquad 式（4-4）$$

$$M_{it} = \beta_0 + \beta_1 GT_{it} + \varphi X_{it} + \nu_{it} \qquad 式（4-5）$$

$$IU_{it} = \gamma_0 + \gamma_1 GT_{it} + \gamma_2 M_{it} + \varphi X_{it} + \varepsilon_{it} \qquad 式（4-6）$$

其中，i 代表长江经济带不同省市；t 代表不同年份；IU 代表制造业升级情况，为被解释变量；GT 为绿色技术创新情况，为主要解释变量；X 代表一系列控制变量；M 为中介变量，包含经济增长情况和成本变动情况；$\alpha, \beta, \gamma, \varphi, \delta$ 为参数；μ, ν, ε 为随机扰动项。对照前文中介效应模型的理论，各参数的经济含义为：α_1 为绿色技术创新对长江经济带制造业升级的影响效应；β_1 为绿色技术创新对中介变量经济增长和相对成本的影响效应；γ_1 为控制了中介变量影响效应后的绿色技术创新对长江经济带制造业升级的影响效应；γ_2 为控制了绿色技术创新对制造业影响效应后，中介变量对长江经济带制造业升级的影响效应。

|第二节| 数据来源与变量检验

一、变量选择与数据来源

（一）因变量

本书被解释变量 IU 为制造业升级系数，根据前文研究，长江经济带制造业升级包含制造业整体升级和结构升级两方面，主要路径为价值提升、资源节约和环境保护。第三章依据这三种路径，分别从制造业整体和制造业内部结构对长江经济带制造业发展情况进行经济测度，其中绿色生产效率是从制造业发展整体进行测度，制造业清洁化和高级化水平是从结构角度加以测度。因此，本节被解释变量 IU 也包含制造业绿色生产效率、制造业清洁化和制造业高级化。数据来源于第三章的测算结果。考虑分析一致性、数据可得性，本节考察期间选择为 2012—2016 年。

（二）中介变量

1. 经济增长

学界对经济增长或经济发展情况的衡量多用国民生产总值，本书使用地区生产总值衡量经济增长情况，数据来源于《中国统计年鉴》，并使用国民生产总值指数对其进行平减，平减至以 2012 年为基期的可比实际地区生产总值。国民生产总值指数来源于《中国统计年鉴》。

2. 相对成本

本书分析的企业或行业相对成本的变化，并非严格意义上会计核算的成本。在会计核算中，企业因污染环境而支付的罚款，应计入营业外支出，但是本书在分析时也将其作为企业成本。因此在对中介变量"相对成本"进行核算时，仅仅考虑会计核算中的成本还不够，但鉴于数据可得性，本书依旧使用规上制造业企业的主营业务成本衡量"相对成本"。数据来源于 EPS 数据平台中国工业经济数据库，使用工业企业购进价格指数进行平减，平减至以 2012 年为基期的可比数据。工业企业的购进价格指数来源于《中国统计年鉴》。

3. 自变量

主要解释变量为绿色技术创新 GT，对长江经济带绿色技术创新情况的衡量，在本章第一节已经作了具体分析，即使用绿色专利数衡量，数据来源于本章第一节的测算结果。

4. 控制变量

能推动长江经济带制造业升级的因素很多，除了本书主要分析的因变量绿色技术创新、中介变量经济增长和"相对成本"以外，还有环境规制（钟茂初等，2015）、对外开放程度（外商直接投资和进出口贸易）（綦良群等，2010）、基础设施建设（梁树广，2015）、人力资本（阳立高等，2018）、生产性服务业（吴进红等，2013）、城市化水平（李豫新等，2014）等。但是并不是所有影响制造业升级的因素都可以作为模型的控制变量，需选择对因变量有影响、对自变量无影响的变量，否则会产生共线性问题；且控制变量并不是越多越好，过多控制变量会对核心解释变量的影响方向、影响程度及显著性产生影响（刘成坤，2019）。本书根据现有研究，归纳出所有能影响制造业升级的因素，对其进行多重共线性检验、面板单位根检验、协整检验以及稳健性检验后，筛选出以下控制变量。

一是基础设施水平。吴福象等（2013）认为，基础设施建设的一个长期效应是能够把企业从基础设施相对匮乏的地区吸引到基础设施相对富裕的地区，在要素能够在区域间自由流动的情况下，较高禀赋的人力资源倾向于向大城市集中，而普通劳动者则被动地选择向中小城市集中，由此实现资源在经济发展程度不同地区之间的动态配置。因此，基础设施发挥的空间"溢出效应"和"蒂伯特选择"机制有助于形成合理的产业分工，促进人才和产业的区际互动，进而推动地区产业结构升级。参考汪伟等人（2015）的研究，本书采用每平方公里等级公路里程作为基础设施水平的代理变量。其中等级公路数据来源于 EPS 数据平台中国宏观经济数据库，各省市面积数据来源于中华人民共和国中央人民政府官网，但由于安徽省与四川省数据缺失，安徽省面积数据来源于安徽省人民政府官网，四川省面积数据来源于四川省人民政府网站。

二是城镇化水平。城镇化水平是一个综合指标，能够综合反映一个国家或地区的经济发展、消费需求以及资源禀赋等各个方面的情况，我国各地区产业结构的不平衡在很大程度上是由城镇化水平的差异引起的，城镇化会带动众多相关产业的发展（赵春燕，2018）。刘志彪（2010）的研究也表明，城镇化是推动中国产业结构转型升级的重要途径。本书采用城镇化率来衡量城镇化水平，计算方式是城镇人口占总人口比重。数据来源于EPS数据平台中国宏观经济数据库。

三是对外开放程度。对外开放程度的衡量一般使用外商直接投资与国家贸易情况两个指标。外商直接投资在进入中国后可以带来先进的生产设备和生产技术，通过这些要素的注入和组合，改善了原有企业和产业的资源配置状况，提高了资源配置效率和产业水平，进而推动中国产业结构升级；外商直接投资的进入也带来了新的挑战和冲击，扩大了制造业内部的发展差距（郭克莎，2000）。本书采用地区外商直接投资额衡量外商直接投资，数据来源于EPS数据平台中国对外经济数据库，利用CPI进行平减，平减至以2012年为基期的可比数据，CPI数据来源于EPS数据平台中国宏观经济数据库。国际贸易情况可使用"外贸依存度"作为代理指标，计算方式为：对外贸易依存度＝进出口总额/国内生产总值。进出口总额按照人民币对美元汇率折合成人民币，进出口总额、国内生产总值、汇率数据均来源于EPS数据平台中国宏观经济数据库。

四是物质资本积累。物质资本作为促进经济增长的主要因素之一，在推动产业升级中发挥了重要作用。实物资本能够在一定程度上引导制造业结构优化（张忠根等，2016），低端制造业的生产过程一般不需要大规模投资，而高端制造行业不仅需要大量的人力投入，还需要大量物力的投入，因此物质资本积累可以为制造业转型升级奠定物质基础。由于固定资本存量相对流量而言对产业结构的影响更大，因此本书选择地区固定资本总额作为物质资本积累的衡量指标，并使用固定资产投资价格指数对其进行平减，平减至以2012年为基期，数据均来源于EPS数据平台中国宏观经济数据库。

五是财政分权。改革开放初期，中国的经济基础薄弱，为调动地方政府发展经济的积极性，中央政府赋予地方政府许多经济自主权，官员的升迁与其在地方政府任职期间的经济发展情况密切相关。在这种体制下，地方政府会将其所能获得的资源主要用于基础设施建设以及对大企业的财政补贴等生产性支出方面，而教育、卫生、健康方面的支出严重不足，这不利于人力资本和健康资本的积累，会阻碍产业结构升级（魏福成，2013）。参考付勇（2007）和汪伟等（2015）的研究，本书用省级人均财政支出占中央人均财政支出的比重衡量财政分权。数据均来源于 EPS 数据平台中国宏观经济数据库。

六是生产性服务业。包含交通运输、现代物流业、金融保险业、信息服务业及商务服务等。本书借鉴吴进红等（2013），认为金融保险业与制造业联系最为密切，因此采用"年末金融机构贷款余额"来反映生产性服务业的发展，数据来源于《中国金融统计年鉴》，并使用 CPI 将数据平减至以 2012 年为基期的可比数据，CPI 来源于《中国统计年鉴》。

具体变量名称、衡量指标、计算方法及数据来源如表 4－1 所示。

表 4－1　模型中变量的具体信息

变量类别	变量名称	指标名称	变量含义	单位	数据来源
因变量	IU_1	制造业升级	绿色全要素生产率	无	前文计算
	IU_2		清洁产业占比	无	前文计算
	IU_3		高技术产业占比	无	前文计算
自变量	GT	绿色技术创新水平	绿色专利申请授权量	个	前文结果
中介变量	M_1	经济增长	实际地区生产总值	亿元	《中国统计年鉴》
	M_2	相对成本	规上制造业企业实际主营业务成本	亿元	EPS 数据平台中国工业经济数据库、《中国统计年鉴》
控制变量	X_1	基础设施水平	每平方公里等级公路里程	公里	EPS 数据平台中国宏观经济数据库、中华人民共和国中央人民政府网站、部分地方政府网站

（续表）

变量类别	变量名称	指标名称	变量含义	单位	数据来源
控制变量	X_2	城镇化水平	城镇人口占总人口比重	%	EPS数据平台中国宏观经济数据库
	X_3	外商直接投资	实际外商直接投资总额	亿元	EPS数据平台中国宏观经济数据库
	X_4	外贸依存度	地区进出口总额占地区生产总值比重	%	EPS数据平台中国宏观经济数据库
	X_5	物质资本积累	实际地区固定资产投资总额	亿元	EPS数据平台中国宏观经济数据库
	X_6	财政分权	省直辖市人均财政支出占中央人均财政支出额比重	%	EPS数据平台中国宏观经济数据库
	X_7	生产性服务业	年末金融机构实际贷款余额	亿元	《中国金融统计年鉴》《中国统计年鉴》

二、相关变量的描述性统计

对因变量、自变量、中介变量以及控制变量进行描述性统计有助于观测数据特征，各变量的描述性统计结果如表4-2所示。

表4-2　变量的描述性统计

变量类别	指标名称	变量名称	均值	标准差	最小值	最大值
因变量	制造业升级	IU_1	0.137	0.35	−0.095	2.414
		IU_2	30.731	8.063	17.44	43.82
		IU_3	11.542	6.16	2.48	22.07
自变量	绿色技术创新水平	GT	3598.982	3536.885	319	15575
中介变量	经济增长	M_1	22308.827	12998.513	6852.2	58656.29
	相对成本	M_2	33997.437	31450.573	2738.45	146394.802

（续表）

变量类别	指标名称	变量名称	均值	标准差	最小值	最大值
控制变量	基础设施水平	X_1	1.062	0.445	0.436	2.096
	城镇化水平	X_2	55.623	13.349	36.41	89.6
	外商直接投资	X_3	1740.379	2239.52	77	8120.94
	外贸依存度	X_4	0.303	0.329	0.032	1.366
	物质资本积累	X_5	18983.177	10192.156	5117.616	51442.233
	财政分权	X_6	6.214	2.318	4.477	14.426
	生产性服务业	X_7	31813.936	20277.224	8350.17	85796.775

从表4-2中可以看出，绝大部分指标的标准差小于均值，说明变量的波动较小，也有一些变量的标准差大于均值，说明这些变量在样本期间的变动幅度较大，如制造业绿色生产效率、外商直接投资、物质资本积累，除外商直接投资的标准差与均值的差距较大，其他变量均与均值相差不大，标准差过大的原因可能是考察期内，外商直接投资增长过快，或长江经济带区域内各省份地理、历史、经济等发展差距较大，所导致的外商直接投资差距较大。从最大值、最小值看，变量的最大值、最小值差距也较大，例如外商直接投资的最大值为8120.94亿元，最小值仅为77亿元，大部分变量的最大值数十倍于最小值，如物质资本的最大值为51442.233亿元，最小值仅为5117.616亿元。

长江经济带长江三角洲区域、中游地区、上游地区三大区域间经济社会发展差距较大，因此本书还分区域对指标进行描述性统计（见表4-3）。

表4-3　指标分地区描述性统计

变量类别	指标名称	变量名称	长江三角洲地区	中游地区	上游地区
因变量	制造业升级	IU_1	0.211 (0.525)	0.084 (0.165)	0.103 (0.183)
		IU_2	37.228 (5.393)	24.777 (6.204)	28.701 (6.922)
		IU_3	14.174 (6.339)	8.915 (1.108)	10.881 (7.121)

（续表）

变量类别	指标名称	变量名称	长江三角洲地区	中游地区	上游地区
自变量	绿色技术创新水平	GT	6908.9 (3900.505)	1877.8 (864.282)	1579.95 (1171.837)
中介变量	经济增长	M_1	32394.113 (15246.74)	20045.428 (4680.842)	13921.09 (6311.778)
	相对成本	M_2	58235.54 (39636.648)	28724.749 (6479.078)	13713.85 (9890.541)
控制变量	基础设施水平	X_1	1.466 (0.356)	0.99 (0.195)	0.711 (0.313)
	城镇化水平	X_2	67.072 (14.213)	51.832 (3.376)	47.019 (7.974)
	外商直接投资	X_3	3870.045 (2562.329)	608.138 (149.621)	459.893 (271.237)
	外贸依存度	X_4	0.598 (0.386)	0.104 (0.04)	0.157 (0.1)
	物质资本积累	X_5	23378.086 (13489.928)	19633.656 (5378.4)	14100.408 (6206.656)
	财政分权	X_6	7.541 (3.326)	4.951 (0.345)	5.834 (0.725)
	生产性服务业	X_7	51729.342 (20328.718)	20124.022 (5449.425)	20665.964 (8472.647)

注：括号内的数据为标准差。

表 4-3 中，分地区观察可以剔除一部分区域差异，从被解释变量看，IU_1 代表的制造业生产效率长江经济带、长江经济带中游地区的标准差依然大于均值，说明观测值的波动依然较大，其余变量标准差远远小于均值，较为平稳；自变量三大区域的标准差均小于均值，波动较小；中介变量三大区域的标准差均小于均值；控制变量三大区域标准差也均小于均值，在未剔除区域差距时，外商直接投资、物质资本积累变量的标准差大于均值，数据波动较大，而在剔除三大区域间差距后，数据波动较小，说明造成这两个控制变量总体波动较大的主要原因是三大区域间的差距。

从三大区域间指标均值看，总体呈现长江三角洲地区、中游地区、上游地区依次递减的规律，其中长江三角洲地区所有指标均值绝对高于中游地区和上游地区。

|第三节| 实证结果及分析

一般面板数据在进行实证检验前需要对数据进行平稳性检验、单位根检验和协整检验，但是由于本书仅使用5年的数据，可直接进行实证检验（见表4-4）。

表4-4 模型回归结果

变量	模型1	模型2	模型3
	IU_1（re）	IU_2（re）	IU_3（re）
GT	0.0001349** (2.51)	0.0000258** (2.36)	0.5057854** (2.3)
X_1	0.5454752** (2.13)	3.37546 (1.33)	−8.880813** (−2.31)
X_2	−0.0035012 (−0.24)	0.1283653 (0.88)	−1.47e−07
X_3	0.000736 (1.33)	0.0007537 (0.99)	0.0008753 (1.09)
X_4	−2.372905*** (−4.75)	7.881926** (2.36)	7.546432 (1.07)
X_5	−0.00002 (−1.63)	0.0001397 (1.34)	0.0004913*** (2.81)
X_6	0.1649205*** (2.99)	0.4277282 (1.14)	0.5749388 (0.470)
X_7	−0.9806132** (−2.29)	−0.0000823 (−0.67)	−0.0003046** (−2.21)

（续表）

变量	模型 1 IU_1（re）	模型 2 IU_2（re）	模型 3 IU_3（re）
cons	−0.98061322** （−2.29）	13.71052** （2.31）	−14.17992** （−2.27）
R2	0.539	0.542	0.71
Hausman P 值	0.5584	0.9152	0.7152

注：*、**、*** 分别代表系数在1%、5%、10%的显著性水平下显著，括号内为Z统计量，变量名称同表4-3。

分别以制造业升级的三个不同指标为被解释变量构建3个不同的模型，被解释变量分别为 IU_1、IU_2、IU_3，根据 Hausum 检验，三个模型都拒绝原假设，选择随机效应。

首先看模型1，绿色技术创新在5%显著性水平下显著，系数为0.0001349，从经济意义看，绿色技术创新对制造业生产效率提升具有正向促进作用，这与前述理论分析一致，也可作为系数在现实意义上显著的标准。模型2中解释变量的系数在5%显著性水平下显著，绿色技术创新对制造业清洁化的作用效应为0.0000258，系数也为正，其在实际意义上也显著；模型3中绿色技术创新的系数检验也在5%显著性水平下显著，且为正，说明变量系数在统计意义和经济意义上均显著。

控制变量在模型1中显著的较多，模型2中大部分不显著。模型1检验结果显示，基础设施水平 X_1 对制造业绿色生产效率的提升具有显著作用，外贸依存度 X_4 也显著影响绿色生产效率，除此以外，财政分权状况和生产性服务业发展对制造业绿色生产效率的提升也显著。

自变量对因变量的回归结果显示，不同模型中自变量的回归系数均在统计上显著，且具有经济意义。根据中介效应检验方法，下一步应该加入中介变量对自变量和中介变量对因变量的影响进行分析，主要观察中介变量的系数是否显著（见表4-5）。

表 4-5　绿色技术创新推动长江经济带制造业升级的经济增长效应检验

变量	模型 4	模型 5	模型 6
	IU_1	IU_2	IU_3
Sobel 检验	0.000141** (2.4931)	0.00022209 (0.6579)	0.00034773 (0.00028941)
中介效应是否显著	是	否	否
中介效应大小	0.000141	—	—
总效应	0.000135	—	—

注：*、**、*** 分别代表系数在 1%、5%、10% 的显著性水平下显著，括号内为 Z 统计量。

一、"经济增长效应"检验结果分析

通过检验绿色技术创新对长江经济带制造业绿色生产效率、清洁化水平、高级化水平的影响，发现绿色技术创新对三者的影响均显著为正，符合中介效应检验第一步的标准，可进入 sobel 检验，使用 stata14 中 sgmediation 命令可直接进行 sobel 检验。首先加入中介变量经济增长 M_1，sobel 检验结果显示，模型 4 的中介效应检验显著，而模型 5 和模型 6 的中介效应检验不显著，表明中介变量经济增长 M_1 对长江经济带制造业绿色生产效率存在经济增长效应的中介作用，对清洁化水平和高级化水平则不存在中介作用。经济增长对长江经济带制造业绿色生产效率的中介效应和总效应均显著为正，说明经济增长对制造业具有正向的推动作用，绿色技术创新对长江经济带制造业绿色生产效率也具有正向推动作用。虽然三个模型中只有模型 4 的经济增长变量的中介效应检验显著，也说明绿色技术创新推动长江经济带制造业升级的中介效应是存在的。

二、"成本替代效应"检验结果分析

表 4-6 为变量相对成本 M_2 的 sobel 检验结果，结果显示相对成本 M_2 对长江经济带制造业绿色生产效率、清洁化水平的中介效应检验显著，对

高级化的中介效应检验不显著，说明绿色技术创新通过相对成本作用于长江经济带制造业的绿色生产效应和清洁化水平，从而推动长江经济带制造业升级。

表 4 - 6 绿色技术创新推动长江经济带制造业升级的成本替代效应检验

变量	模型 7	模型 8	模型 9
	IU_1	IU_2	IU_3
Sobel 检验	-0.000105^* (-1.82145)	-0.00116016^* (-1.924)	-0.00008402 (-0.2428)
中介效应是否显著	是	是	否
中介效应大小	-0.000105	-0.00116	—
总效应	-0.000135	0.001095	—

注：＊、＊＊、＊＊＊分别代表系数在1%、5%、10%的显著性水平下显著，括号内为 Z 统计量。

小结

本章构建中介效应模型，利用长江经济带数据和第三章计算数据，对第二章理论分析中的绿色技术创新对制造业升级的间接促进机理进行实证检验。"经济增长效应"的检验结果：长江经济带制造业集约化存在中介效应，影响系数为 0.000141，其经济含义为绿色技术创新对长江经济带制造业集约化促进具有正向影响，影响效果为经济发展水平每增加一单位，长江经济带制造业集约化水平提升 0.000141；"成本替代效应"的检验结果：长江经济带制造业集约化和清洁化存在中介效应，影响系数分别为 -0.000105 和 -0.00116，其经济含义为相对成本每下降一单位，长江经济带制造业集约化水平提升 0.000105，清洁化水平提升 0.00116。

第五章

绿色技术创新对长江经济带制造业升级的
直接促进作用检验

由于长江经济带地区间差异较大，不同省市的经济发展状况、人力资本状况、地理区位等均不同，且本书主要解释变量绿色技术创新，也存在对周边地区影响的溢出效应，而一般实证分析是基于观测对象独立且同质的假设，这样可能导致估计偏误，为了消除估计偏误，使得长江经济带绿色技术创新影响制造业升级的实证结果更为客观，有必要将空间纳入模型。

|第一节| 模型的构建

空间计量经济学诞生于 20 世纪 70 年代，其主要研究方法就是将空间因素纳入计量模型，空间因素可分为空间异质性和空间相关性，随着地理信息系统的不断发展，地理信息数据的获取越来越简单、方便、准确，这就为空间计量分析的发展奠定了基础。因此本书参考陈强（2014）对空间计量方法的介绍，首先构建空间权重矩阵对变量进行空间相关性检验，如果存在空间相关性，则构建空间计量模型进行实证分析。

一、空间权重矩阵的设定

空间相关性检验的前提是构建空间权重矩阵，用以度量截面之间的空间距离。假设有 n 个截面，截面 i 与截面 j 之间的距离记为 w_{ij} ，则可定义空间权重矩阵为：

$$W = \begin{bmatrix} w_{11} \cdots w_{1n} \\ \vdots \\ w_{n1} \cdots w_{nn} \end{bmatrix}$$

空间权重矩阵设定方法有多种，最初的空间权重矩阵，只考虑截面之间是否在空间上相邻，相邻则记为 1，不相邻则记为 0。这种矩阵被称为地理空间上的邻接矩阵。但是邻接矩阵的经济含义为相邻的区域会相互影响，不相邻则不会相互影响，这显然不符合实际，例如上海对于安徽而言，虽然不相邻，但相互间存在多种联系。因此有学者对邻接矩阵进行改进，根据区域间实际空间距离的倒数构建空间权重矩阵。其经济含义为在地理空间上距离越近则相关性越强。随着研究的深入，又将经济、文化等因素考虑进空间权重矩阵的设定中，认为区域间经济文化因素对区域联系影响较大，例如李婧（2010）以经济基础和人力资本分别构建空间权重矩阵。

为了充分考虑长江经济带不同省市间的空间联系，本书分别构建空间邻接矩阵 W_1：$w_{ij} = \begin{cases} 1 & i \text{ 与 } j \text{ 空间相邻} \\ 0 & i \text{ 与 } j \text{ 空间不相邻} \end{cases}$ $(i \neq j)$；空间距离矩阵 W_2：

$w_{ij} = \begin{cases} 1/d^2 & i \neq j \\ 0 & i = j \end{cases}$，其中 d 为 i 与 j 之间的空间距离，使用 i 与 j 之间的

公路里程衡量；空间经济距离矩阵 W_3：$w_{ij} = \begin{cases} \dfrac{\left| \overline{RGDP}_i - \overline{RGDP}_j \right|}{d^2} & i \neq j \\ 0 & i = j \end{cases}$，

其中 d 为 i 与 j 之间的空间距离，$\overline{RGDP}$ 为考察期内人均 GDP。

二、空间相关性检验

(一) 全局空间自相关检验

$Moran's\ I$ 统计量是度量全局空间自相关最常用的指标，本书中长江经济带绿色技术创新水平、制造业升级系数为区域观察值，则绿色创新水平的全局 $Moran's\ I$ 的计算公式为：

$$Moran's\ I = \frac{\sum_{i=1}^{n}\sum_{j=1}^{n}w_{ij}(Y_i-\bar{Y})(Y_j-\bar{Y})}{S^2\sum_{i=1}^{n}\sum_{j=1}^{n}w_{ij}} \qquad 式（5-1）$$

其中 $S^2=\frac{1}{n}\sum_{i=1}^{n}(Y_i-\bar{Y})^2$；$\bar{Y}=\frac{1}{n}\sum_{i=1}^{n}Y_i$，$Y_i$ 表示地区 i 的绿色技术创新水平、制造业绿色生产效率、制造业清洁化系数、制造业高级化系数；n 为地区总数，本书中 $n=11$；w_{ij} 为空间权重矩阵。$Moran's\ I$ 统计量的取值一般在 $[-1, 1]$，越接近 -1 表示单元间的差异越大或分布越不集中；越接近 1，则表示单元间的关系越密切，性质越相似；接近 0，则表示单元间不相关。

根据设定的空间权重矩阵 W_1（空间邻接矩阵）、W_2（空间距离矩阵）、W_3（空间经济距离矩阵）对变量进行全局空间自相关检验，检验结果如表 5-1、表 5-2、表 5-3 所示。

从表 5-1、表 5-2、表 5-3 可以看出，在考虑空间邻接矩阵、空间距离矩阵、空间经济距离矩阵时，被解释变量 IU_1，IU_2，IU_3 均不存在空间相关性，而解释变量 GT 在考虑空间邻接矩阵、空间经济距离矩阵时均显示显著具有空间相关性，但在考虑空间距离矩阵时，个别年份的莫兰检验不显著，但不如空间邻接矩阵、空间经济距离矩阵显著，因此本书考虑使用空间邻接矩阵和空间经济距离矩阵进行下一步检验。在考虑空间邻接矩阵和空间经济距离矩阵时，GT 的 I 值均显著大于 0，说明长江经济带不同省市的绿色技术创新是呈正相关的。

表 5 - 1　空间邻接矩阵 W_1 的被解释变量与要解释变量的空间相关性检验

年份	IU_1			IU_2			IU_3			GT		
	I值	Z值	P值	I值	Z值	P值	I值	Z值	P值	I值	Z值	P值
2012	-0.058	0.376	0.353	0.048	0.781	0.217	0.034	0.710	0.239	0.357	2.652	0.004
2013	-0.102	-0.024	0.491	0.010	0.574	0.283	-0.028	0.369	0.356	0.292	2.351	0.009
2014	-0.221	-0.620	0.268	0.027	0.661	0.254	-0.037	0.327	0.372	0.315	2.513	0.006
2015	-0.291	-0.986	0.162	0.037	0.719	0.236	-0.026	0.391	0.348	0.294	2.376	0.009
2016	-0.069	0.347	0.364	0.060	0.838	0.201	-0.064	0.192	0.424	0.306	2.438	0.007

表 5 - 2　空间距离矩阵 W_2 的被解释变量与主解释变量的空间相关性检验

年份	IU_1			IU_2			IU_3			GT		
	I值	Z值	P值	I值	Z值	P值	I值	Z值	P值	I值	Z值	P值
2012	-0.062	0.494	0.311	-0.034	0.590	0.277	-0.151	-0.457	0.324	0.104	1.965	0.025
2013	-0.065	0.530	0.298	-0.026	0.653	0.257	-0.143	-0.379	0.352	0.061	1.591	0.056
2014	-0.212	-0.976	0.165	-0.019	0.720	0.236	-0.121	-0.182	0.428	0.083	1.821	0.034
2015	-0.240	-1.236	0.108	-0.013	0.777	0.219	-0.119	-0.167	0.434	0.065	1.640	0.051
2016	-0.164	-0.921	0.178	0.015	1.026	0.152	-0.117	-0.150	0.440	0.072	1.697	0.045

表 5 - 3　空间经济距离阵 W_3 的被解释变量与主解释变量的空间相关性检验

年份	IU_1			IU_2			IU_3			GT		
	I值	Z值	P值	I值	Z值	P值	I值	Z值	P值	I值	Z值	P值
2012	0.114	1.153	0.124	-0.113	-0.045	0.482	-0.202	-0.348	0.364	0.668	2.854	0.002
2013	0.022	0.823	0.205	-0.146	-0.157	0.438	-0.251	-0.501	0.308	0.629	2.786	0.003
2014	-0.403	-1.005	0.158	-0.131	-0.105	0.458	-0.232	-0.440	0.330	0.629	2.811	0.002
2015	-0.371	-0.907	0.182	-0.093	0.023	0.491	-0.156	-0.190	0.425	0.648	2.874	0.002
2016	0.061	1.014	0.155	-0.096	0.012	0.495	-0.151	-0.175	0.431	0.622	2.762	0.003

（二）局部空间自相关检验

绿色创新水平的 *Moran's I* 指数表明长江经济带各省市的绿色创新水平存在全局空间自相关，*Moran's I* 散点图可进一步说明主要解释变量绿色创新水平在空间分布的局部特征。本书分别使用空间邻接矩阵和空间经济距离矩阵，对 2016 年长江经济带各省市的绿色技术创新水平绘制莫兰散点图。

1. 使用空间邻接矩阵 W_1，对主要解释变量 GT 的空间自相关检验

从图 5-1 可以看出，长江经济带各省市绿色技术创新活动存在较明显的地区分布规律，$H-H$ 集聚的为长江经济带下游地区的上海、江苏、浙江，说明绿色技术创新水平高的地区被绿色技术创新水平高的地区包围，绿色技术创新水平高的地区具有相互集聚的特征；$L-L$ 集聚为中游和上游省市，表明绿色技术创新水平低的省市被绿色技术创新水平低的省市包

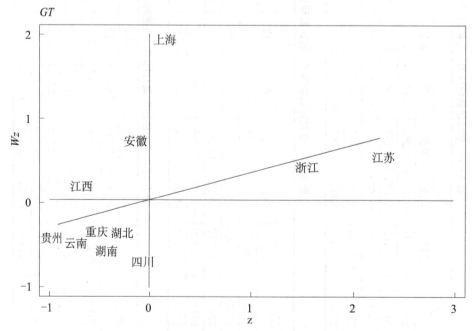

Moran scatterplot (*Moran's I* = 0.324)

图 5-1　2016 年空间邻接矩阵条件下长江经济带绿色技术创新的莫兰散点

围，如湖北、湖南、重庆、四川、贵州和云南，说明绿色技术创新水平低的省市存在空间集聚现象；$H-L$ 集聚的为安徽和江西，表明这两省本身绿色技术创新水平较高，但存在被绿色技术创新水平较低省份包围的空间分布特点。

2. 使用空间经济距离矩阵 W_3，对主要解释变量 GT 的空间自相关检验

从图 5-2 可以看出，长江经济带各省市间的绿色技术创新呈现更为典型的空间集聚特征。该图显示，长江经济带各省市的绿色技术创新存在 $H-H$ 和 $L-L$ 空间集聚特征，其中 $H-H$ 集聚的为上海、江苏和浙江，表明这些地区为绿色技术创新水平高的地区，且被绿色技术创新水平高的地区包围；而剩下的省份均为 $L-L$ 集聚区，说明这些省份是绿色技术创新水平低的地区被绿色技术创新水平低的地区包围，存在明显的空间相关性。

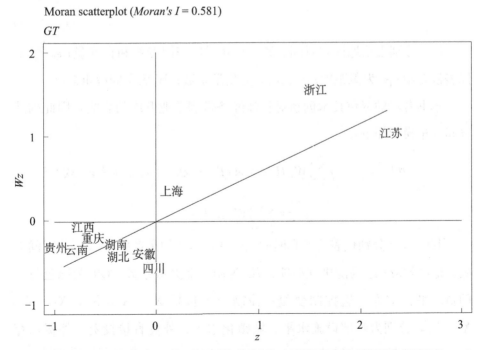

图 5-2　2016 年空间经济距离矩阵条件下长江经济带绿色技术创新的莫兰散点

三、空间计量模型的构建

鉴于长江经济带各省市间的绿色技术创新存在显著的空间相关性，有必要使用合理的空间计量经济学模型进行实证检验，以消除空间相关性可能引起的测算偏误。目前常用的空间计量模型主要有空间滞后模型（Spatial Autoregressive Model，SAR）和空间误差模型（Spatial Error Model，SEM）。空间滞后模型（SAR）描述的是空间实质相关，用于估计周边地区被解释变量空间溢出效应；空间误差模型（SEM）描述的是空间扰动相关和空间总体相关。

SAR 模型和 SEM 模型可分别表示为：

$$Y_{it} = \beta_0 + \rho W Y_{it} + \sum_{j=1}^{n} \beta_j X_{itj} + \varepsilon_{it}; \varepsilon_{it} \sim N(0, \delta^2 I) \quad 式（5-2）$$

$$Y_{it} = \beta_0 + \sum_{j=1}^{n} \beta_j X_{itj} + \varepsilon_{it}; \varepsilon_{it} = \lambda W \varepsilon_{it} + \mu_{it}; \quad \mu_{it} \sim N(0, \delta^2 I)$$

$$式（5-3）$$

i、t 分别表示地区和时间；Y、X 分别代表因变量和自变量；ε_{it} 和 μ_{it} 代表误差项；β_0 为截距项；β_j、ρ、λ 为变量系数；W 为空间权重矩阵。

本书考察的绿色技术创新对长江经济带制造业升级的影响，因此构造空间计量模型如下：

$$IU_{it} = \beta_0 + \rho \sum_{j=1}^{n} W_{ij} IU_{it} + \phi GT_{it} + \gamma X_{it} + \alpha_i + \nu_i + \varepsilon_{it} \quad 式（5-4）$$

$$\varepsilon_{it} = \lambda \sum_{j=1}^{n} W_{ij} \varepsilon_{it} + \mu_{it}$$

其中 i，t 分别代表地区和时间；ρ，ϕ，γ，λ 均是系数；α_i，ν_i 为时间效应、地区效应；ε_{it} 为随机扰动项；IU 为制造业升级系数、GT 为绿色技术创新水平、X 为一组控制变量；控制变量包括 X_1，X_2，X_3，X_4，X_5，X_6，X_7，分别为基础设施水平、城镇化水平、外商直接投资、外贸依存度、物质资本积累、财政分权、生产性服务业；W_{ij} 为空间权重矩阵。

|第二节|　模型的选择

根据本章第一节检验可知，应该选择随机效应；对于应该选择空间SAR 模型，还是 SEM 模型，按照 Anselin（2004）的判断准则，本书比较了两个 Lagrange 乘数及其稳健性，LM 检验结果如表 5－4、表 5－5 所示。

表 5－4　空间邻接矩阵 W_1 的 LM 检验结果

	IU_1		IU_2		IU_3	
	Lagrange muptiplier	Robust Lagrange muptiplier	Lagrange muptiplier	Robust Lagrange muptiplier	Lagrange muptiplier	Robust Lagrange muptiplier
Spatial error	0.094	0.026	5.228**	6.497**	0.170	8.772***
Spatial lag	0.071	0.003	13.179***	14.448***	3.186**	11.788***

注：*、**、*** 分别表示通过在 10%、5%、1% 水平下的显著性检验。

表 5－5　空间经济距离矩阵 W_3 的 LM 检验结果

	IU_1		IU_2		IU_3	
	Lagrange muptiplier	Robust Lagrange muptiplier	Lagrange muptiplier	Robust Lagrange muptiplier	Lagrange muptiplier	Robust Lagrange muptiplier
Spatial error	0.151	2.349	19.339***	4.349**	11.084***	0.560
Spatial lag	0.036	2.234	26.071***	11.082***	13.194***	2.670

注：*、**、*** 分别表示通过在 10%、5%、1% 水平下的显著性检验。

从表 5－4 和表 5－5 可以看出，对于空间邻接矩阵 W_1，IU_1 模型的滞后和误差检验均不显著，但 SEM 相对较好；模型 IU_2，滞后和误差均通过检验，滞后模型更加显著，因此选空间滞后模型；IU_3，空间滞后模型相对较好，因此选空间滞后模型。对于空间经济距离矩阵 W_3，IU_1 模型的滞后和误差检验均不显著，但空间误差模型相对较好，因此选空间误差模型；对于 IU_2 模型，空间滞后和空间误差检验均显著，相对而言，空间滞后模型更加显著；IU_3 模型检验，空间滞后模型相对较优。因此本书最终的模型选择结果如表 5-6 所示。

表 5-6　模型选择

	IU_1	IU_2	IU_3
W_1	SEM	SAR	SAR
W_3	SEM	SAR	SAR

|第三节|　实证检验与结果

一、对集约化发展的影响

从计量检验结果（见表 5-7）可以看出，不管是空间邻接矩阵 W_1 还是空间经济距离矩阵 W_3，模型检验结果相似，其中空间经济距离矩阵的检验结果中，变量的显著性更强，说明区域内省市之间的影响不仅受相邻不相邻的影响，还受到各省市之间经济联系和空间距离的影响。其中主要解释变量绿色技术创新 GT 对长江经济带制造业绿色生产效率 IU_1 的影响显著为正，说明随着绿色技术创新水平的提高，长江经济带制造业的绿色全要素生产率也在提高，与前述理论分析一致。控制变量 X_2、X_3 不显著，其余控制变量均显著，其中 X_1，即基础设施水平对长江经济带制造业绿色全要素生产率的影响也显著为正，说明长江经济带内基础设施的建设对区域制造业的绿色生产效率的提高是具有正向影响的；X_4 为外贸依存度，检验结果显示，区域外贸依存度的提高，对长江经济带制造业全要素生产率具有显著的负面影响，说明随着开放程度不断增加，区域制造业受国际市场的影响不断增加，随着国际环境贸易壁垒不断提高，区域出口受限，或短期内制造业受国际市场需求影响，增加绿色技术创新投资，但收益可能并不明显；X_5 为物质资本积累，检验结果显示地区物质资本积累的增加，对制造业绿色全要素生产率影响显著为负，这与理论推导不符，当某地物质资本积累丰富，才有能力为制造业的转型升级进行投资，而长江经济带内物质资本积累与制造业绿色全要素生产率负相关的检验结果，可能存在指标选择有误或模型设定存在偏差的问题；X_6 为财政分权，财政分权与长江经济带制造业的绿色全要素生产率显著正相关，说明财政分权有利于地区财富的增加，因而有能力为制造业的转型升级提供物质资本；X_7 生产性服务业的发展，也与长江经济带制造业的绿色全要素生产率正相关，说明随着生产性服务业的增加，能够促进区域内制造业绿色生产效率的提高。空间系数 λ 显著，说明变量间是存在空间相关性的，空间系数显著为负，说明不考虑空间因素的模型，其变量的影响效应会被高估。

表 5-7　绿色技术创新影响长江经济带制造业绿色生产效率的 SEM 检验结果

	W_1	W_3
GT	0.0001314** (2.49)	0.0001323*** (2.62)
X_1	0.6006616** (2.01)	0.6381724** (2.44)
X_2	−0.0017079 (0.916)	−0.0008162 (−0.05)
X_3	0.0000945 (1.64)	0.0000892 (1.53)
X_4	−2.505038*** (−4.93)	−2.608114*** (−5.10)
X_5	−0.0000267** (−2.07)	−0.000027** (−2.13)

（续表）

	W_1	W_3
X_6	0.140003** （2.37）	0.1494327** （2.56）
X_7	0.0000368*** （3.78）	0.0000368*** （3.89）
cons	−0.0131148 （−0.27）	−0.2233737 （−1.03）
λ	−0.8867092* （−1.84）	−0.8592371** （−2.31）

注：*、**、***分别表示通过在10％、5％、1％水平下的显著性检验；括号内为Z统计量。

二、对清洁化发展的影响

对于绿色技术创新影响长江经济带制造业清洁化转型的实证结果（见表5-8）显示，不同空间权重矩阵的检验结果差别较大。首先看空间邻接矩阵的检验结果，主要解释变量绿色技术创新GT对长江经济带制造业清洁化转型的影响是显著为正的，说明绿色技术创新能提升长江经济带制造业的清洁化水平，这与前述理论分析一致，是对理论分析的验证。但是控制变量中只有X_1基础设施建设、X_4外贸依存度显著，其中X_1对长江经济带制造业清洁化转型的影响显著为正，说明地区基础设施建设能促进地区清洁产业的发展；X_4对长江经济带清洁化转型的影响也显著为正，说明随着对外开放度的不断提高，受国际贸易壁垒和国际需求的影响，长江经济带制造业必须不断适应越来越高的环境标准和生产适应环保要求的产品，因此会刺激区域内清洁产业的发展，而传统高污染行业等会随之不断被淘汰，因而行业内清洁产业占比不断增加。空间系数λ显著为负，说明模型剔除了空间因素的负向影响，实际解释变量的影响效应比不考虑空间因素的影响效应要低。而使用空间经济距离矩阵W_3的模型中，主要解释变量绿色技术创新GT的影响效应不显著，因此，不考虑此模型。

表 5-8 绿色技术创新影响长江经济带制造业清洁化转型的 SAR 检验结果

	W_1	W_3
GT	0.0019326** (2.23)	0.0009566 (1)
X_1	11.92447*** (2.82)	−0.1654975 (−0.03)
X_2	−0.2194273 (−0.94)	−0.060498 (−0.21)
X_3	−0.0012297 (−1.40)	−0.0005595 (−0.56)
X_4	18.03481** (2.19)	29.54448*** (3.34)
X_5	0.0001249 (0.6)	0.0005341** (2.46)
X_6	−0.5210813 (−0.57)	−0.1073134 (0.919)
X_7	−0.0001916 (−1.24)	−0.0002905* (−1.69)
$cons$	42.33232*** (5.67)	26.50888*** (3.50)
λ	−0.1480462*** (−4.99)	−0.2986697*** (−2.72)

注：*、**、*** 分别表示通过在 10%、5%、1% 水平下的显著性检验；括号内为 Z 统计量。

三、对高级化发展的影响

在对绿色技术创新影响长江经济带制造业高级化转型的实证检验（见表 5-9）中，采用空间邻接矩阵 W_1 与空间经济距离矩阵 W_3 的检验结果差距较大，由于空间经济距离矩阵检验结果显示，主要解释变量与空间相关系数均不显著，因此，本书主要分析空间邻接矩阵，即提出省市相邻关系的空间影响。主要解释变量绿色技术创新 GT 对长江经济带制造业高级化转型 IU_3 的影响显著为正，说明绿色技术创新能不断提高区域制造业的高级化水平，使得制造业中高技术产业的占比不断增加。控制变量检验结果中，只有 X_5、X_7 显著，其中 X_5 为物质资本积累，检验结果显示物质资本积累与长江经济带制造业高级化水平显著正相关，说明地区物质资本积累的增加可以为高风险高投资的该技术产业提供物质资本；X_7 为生产性服务业，检验结果显示，生产性服务业与长江经济带制造业高级化水平显著负相关，生产性服务业是能为制造业发展提供服务支撑的，而二者负相关的原因可能是生产性服务业发展较快，挤占了高技术制造业所需的资源。空间相关系数 λ 显著，且为负，说明长江经济带空间上的联系对高技术制造业的发展是存在负面影响的。

表 5-9　绿色技术创新影响长江经济带制造业高级化转型的 SAR 检验结果

	W_1	W_3
GT	0.0004292** (2.20)	0.0000879 (0.12)
X_1	−4.497626 (−1.11)	−10.24985*** (−2.73)
X_2	0.4313639 (0.59)	0.5552178** (2.56)
X_3	−0.0000861 (−0.11)	0.0006577 (0.86)
X_4	4.839931 (0.71)	8.650385 (1.25)
X_5	0.0004159** (2.42)	0.0005537*** (3.28)
X_6	0.6189863 (0.85)	0.6450478 (0.81)

（续表）

	W_1	W_3
X_7	-0.0002355^* （-1.75）	-0.0003354^{**} （-2.51）
$cons$	-8.849494 （-1.38）	-16.04621^{***} （-2.71）
λ	-0.1551745^{**} （-2.30）	-0.0664089 （-0.43）

注：$*$、$**$、$***$ 分别表示通过在 10%、5%、1% 水平下的显著性检验；括号内为 Z 统计量。

小结

本章在第四章的基础上，对绿色技术创新对长江经济带制造业升级的影响进行空间计量检验。将空间因素考虑进模型中，可使得检验结果更加客观真实，因此本书构建了空间邻接矩阵、空间距离矩阵、空间经济距离矩阵三种空间权重矩阵，对模型的被解释变量和主要解释变量进行空间相关性检验。检验结果显示，在使用空间邻接矩阵和空间经济距离矩阵对变量进行检验时，主要解释变量绿色技术创新在考察期内显著具有空间相关性，因此，应该使用空间计量模型。通过 LM 检验，在绿色技术创新对长江经济带制造业绿色全要素生产率的影响模型中，选择 SEM 模型进行实证分析，结果显示，绿色技术创新对长江经济带制造业绿色全要素生产率的影响显著为正，这与本书理论分析一致；在绿色技术创新影响长江经济带制造业清洁化水平的模型中，选择 SAR 模型进行实证检验，结果显示，在使用空间邻接矩阵时，绿色技术创新对长江经济带制造业清洁化水平的影响显著为正，也验证了理论分析；在绿色技术创新影响长江经济带制造业高级化水平的检验中，选择 SAR 模型进行实证检验，检验结果也显示绿色技术创新对长江经济带制造业高级化水平具有显著正向影响，也验证了前述理论分析。

第六章

研究结论与政策建议

本章对前文研究得出的研究结论进行总结，并根据研究结论从两个方面提出对策建议，一方面是如何提升长江经济带绿色技术创新水平，另一方面是如何最大化绿色技术创新对长江经济带制造业升级的促进作用。

|第一节| 研究结论

本书主要研究了绿色技术创新对长江经济带制造业升级的促进机理，包括其是否能推动长江经济带制造业升级以及推动制造业升级的具体机理。研究主要分为理论分析和实证检验，理论分析以产业结构理论、产业生命周期理论为基础，剖析绿色技术创新间接和直接影响产业升级的机理。间接层面的分析显示，绿色技术创新一方面可以通过"经济增长效应"影响需求因素，从而推动产业升级；另一方面可以通过"成本替代效应"影响供求因素，推动产业升级。直接层面的分析显示，绿色技术创新可以通过改变先进产业、传统产业的生命周期进程，从而改变先进产业、传统产业在制造业中的结构占比，推动产业升级。实证分析主要利用长江经济带的实际数据，构建计量模型对理论分析结果进行实证检验。构建中介效应模型对间接作用机理进行检验，构建空间计量模型对直接影响路径进行检验。通过理论分析和实证检验，得出如下结论。

第一，绿色技术创新是长江经济带制造业升级的有效路径。理论分析结果显示，绿色技术创新能通过"经济增长效应"和"成本替代效应"的中介作用推动制造业升级，也可以通过影响先进产业和传统产业的生命周期推动产业升级；实证检验中，不管是中介效应检验模型还是空间计量模型都显示，绿色技术创新对长江经济带制造业绿色全要素生产率、清洁化水平、高级化水平的影响系数，在统计意义上显著，经济意义上显著为正，证实了理论分析结果。

第二，绿色技术创新能通过"经济增长效应"和"成本替代效应"，推动长江经济带制造业升级。理论分析显示，在影响产业结构升级的所有因素中，绿色技术创新对其产业影响的因素主要有需求因素、地区资源禀赋等，绿色技术创新主要通过促进经济增长改变需求总量和需求结构，影响地区产业结构，还可以通过供给层面改变相对成本改变产业结构。

第三，长江经济带绿色技术创新具有空间溢出效应。由于长江经济带各省市间互动频繁、联系紧密，传统计量模型的各省市相互独立且同质的假设与实际状况不符，可能存在估计偏误，因此本书又构建了空间计量模型，进一步对长江经济带绿色技术创新对制造业升级的影响进行检验。通过构建空间邻接矩阵、空间距离矩阵、空间经济距离矩阵三种空间权重矩阵对变量进行空间相关性检验，结果显示考虑空间邻接矩阵、空间经济距离矩阵时，各省市绿色技术创新具有显著的空间相关性，因此构建了空间计量模型对其进行实证检验，检验结果依旧显示绿色技术创新对长江经济带制造业升级的影响显著为正。

|第二节| 政策建议

结合研究结论，本书对长江经济带制造业升级提出如下思考和建议。

一、提升长江经济带绿色技术创新水平的建议

研究显示，绿色技术创新能显著促进长江经济带制造业升级，国际重要流域经济带产业绿色发展也离不开技术创新，因此提升区域绿色技术创新水平是促进区域制造业升级的重要前提。具体而言，可通过增强环境规制、拓展新兴市场、整合区域内外科技创新资源等方式提升长江经济带绿色技术创新水平。

（一）增强环境规制

绿色技术创新由于具有"双外部性"的特征，与传统创新相比，还具有环境效应的正外部性。根据外部性理论，由于其社会收益大于私人收益，完全依靠市场进行绿色技术创新会出现社会供给小于社会需求的情况。而环境规制可通过罚款的方式，将企业排污导致的社会成本内生化，倒逼企业进行绿色技术创新；通过补贴的方式将一部分社会收益转移给进行绿色技术创新的企业，鼓励企业进行绿色技术创新，因此环境规制在一定程度上可促进地区绿色技术创新。

国际重要流域经济带产业绿色发展经验均显示严格的环境规制的重要性，针对长江经济带的环境规制在逐渐增多，但是规制的执行力度还有待进一步加强，在环境规制的执行过程中，由于缺乏经验，存在"一刀切"的现象。因此长江经济带需要更加细化的环境规制政策和手段，在环境规制的执行过程中，需要做到具体问题具体分析，可提升区域内绿色技术创

新水平。

　　制定科学合理的环境规制，要根据不同地区主体功能区及污染水平差距，实施以绿色转型为导向的差异化政绩考核体系。工业化程度较高的城镇化地区应增加生态环境类指标比重；农产品主产区和重点生态功能区工业基础薄弱，经济增长动力不强，应减少经济增长或工业发展类考核指标，避免出现"舍本逐末"行为。合理配置不同类型环境规制政策。建立政府管制型环境规制政策实施效果长期检测机制，大力实行排污收费和排污权交易等市场化环境规制政策。加强公众参与环保意识，建设"公众-环保组织-政府"一体化环境治理体系。加强长江经济带中下游污染协同治理，加强长江经济带环境保护顶层设计，实行长江经济带污染治理全流域统一规划、统一检测、统一监督、统一评估、统一协调制度。由于污染的外部性特质，地方政府应杜绝"逐底竞争"和"以邻为壑"的行为，避免污染转移。完善长江经济带上下游生态补偿机制，利用政策性补偿、市场化补偿，水权交易、排污权交易等创新多元化补偿方式，实现污染共同治理。

（二）拓展新兴市场

　　技术创新本身需要强有力的市场作支撑，不符合市场要求的技术创新即使发生，也会夭折，绿色技术创新需要大量绿色产品、绿色工艺。扩大需求除了提升区域经济水平、提高人均收入，还可以扩大开放水平，包括区域内开放和区域外开放。

　　长江经济带地跨 11 省市，横贯东中西部，区域内地区间经济发展水平、产业结构、资源要素等差异较大。因此，可通过扩大区域内各省市开放水平，加强长江经济带内基础设施建设，促进区域一体化，从而扩大市场份额，促进绿色技术创新；还可扩大对外开放水平，包括国内其他地区的开放，以及国际开放水平。长江经济带东部靠海、西部临边，中部拥有全国交通枢纽，具有开放的天然区位条件，通过加强与京津冀、粤港澳等其他经济区联系，通过"一带一路"扩大国际影响，挖掘长江经济带绿色技术创新的潜在市场。长江经济带可通过绿色技术创新，打造绿色技术创新品牌，依靠巨大的潜在市场，可实现环境与经济双赢。

（三）整合创新资源

绿色技术创新与传统技术创新相比，更具风险性，需要大量投资。对于经济发达地区而言，绿色技术的自主创新能力较强，也可承担创新失败的风险，而经济欠发达地区进行绿色技术创新能力有限，因此不同地区可采用不同的策略。长江经济带区域内各省市经济发展水平、技术创新能力差异较大，东部、长三角区域可不断增强绿色技术的自主创新能力，而中游和上游地区可通过绿色技术的溢出效应学习、购买、使用其他地区的绿色技术创新成果，促进区域内绿色技术创新扩散，实现资源的优化配置。

加快地区绿色技术创新协同发展。利用各地区的绿色技术创新优势，重点突破基础性前沿绿色生产技术，以保持全国绿色创新动力源优势。中游地区应深挖自身创新资源优势，着力推进传统产业绿色转型技术，而上游地区则应继续加强特色先进产业的技术创新能力。推动要素双向流动，中心城市在吸引绿色技术创新人才的同时，应加大对周边城市的支持力度，通过共建产业园区等方式实现对欠发达地区的技术资源共享，促进地区间绿色技术水平均衡。此外，可以实施绿色创新试点示范工程，鼓励试点城市加强绿色技术合作，共同推进技术创新和环境保护，以探索城市间绿色技术流动新模式、新机制、新思路，从而带动长江经济带全域城市绿色技术创新能力的协同提升。

长江经济带还可学习、借鉴区域外国际先进的绿色技术创新成果，也可向区域外转让绿色技术创新成果，获得收益，为下一阶段绿色技术创新积累资金。通过整合区域内外的创新资源，增强区域创新能力。

二、运用绿色技术创新推动长江经济带制造业升级的建议

研究显示，绿色技术创新可通过"经济增长效应"和"成本替代效应"，改变先进产业和传统产业的生命周期进程实现产业升级。长江经济

带制造业可通过利用绿色技术创新实现转型升级，最大化绿色技术创新对制造业升级的促进作用，需要充分发挥政府和市场的作用，完善的市场制度，有助于产业自由进入和退出，产业结构调整效率较高；政府适度的环境规制政策、产业政策、各省市政府间合作等都有助于制造业优化升级。

（一）国家层面

一是强化长江经济带"生态优先、绿色发展"的目标导向。国家层面的政策会对长江经济带发展战略的推进以及制造业的发展方向产生重要影响，对于长江经济带制造业升级具有重要的导向作用。国家层面要坚持长江经济带绿色发展的目标导向不动摇，不断强调长江经济带绿色发展的重要性；完善长江经济带绿色发展的政策规定，并不断健全相关法律法规。

二是积极推动创新驱动战略，促进制造业绿色技术创新发展。各地政府应贯彻创新驱动战略，建立绿色科技创新中心，重点支持上海、浙江、江苏、重庆等经济发达地区，加强绿色技术研发，并积极推动绿色技术成果的落地应用。将先进技术从下游地区沿长江经济带向中上游地区进行转移，促进地区间技术水平的融合与提升，缩小区域间的技术差距。政府应对污染严重的工业企业进行关停或搬迁，提高环境保护和治理的门槛，重视中上游地区水环境的保护与改善，为长江经济区绿色发展奠定坚实基础。

三是加大政府支持力度，持续增加绿色技术研发投入。以财政资金为杠杆，吸引社会资本进入，设立长江经济带绿色技术创新研发基金，支持企业实施绿色科技项目，确保企业能够获得绿色技术创新资金支持，并加速绿色技术成果转化和推广。优化绿色创新政策供给，通过能耗、研发强度、创新绩效和排放等多维度制定绿色科技型企业标准，对符合条件的企业给予税收优惠，鼓励企业自主加强绿色技术研发，激发企业的绿色创新积极性。同时，在长江经济带科技创新基础较好的城市布局一批国家工程研发中心、国家重点实验室和国家科技资源共享平台，在定期评估绿色创新基地平台的服务成效的基础上，推动创新成果向全社会开放共享，使长江经济带全域共享绿色创新成果。

（二）区域层面

合理规划制造业产业布局，避免区域内产业同构、恶性竞争。虽然长江经济带总体而言，东中西部差异较大，但是依然存在部分区域产业同构严重问题，影响产业升级。因此，区域层面应根据各地区比较优势，合理规划制造业布局，才能使长江经济带形成合力，也可避免地区间因产业同构导致的恶性竞争。

地区间要打破行政壁垒，加强沟通合作，特别是针对技术共享、环境保护等领域。长期以来，行政壁垒一直都是阻碍区域一体化进程的重要原因，要发挥绿色技术创新对长江经济带制造业升级的促进作用，就需要地区间加强合作，促进资源要素合理流动，对环境保护采取一致行动，才能充分发挥政策的作用。

为了促进长三角地区的高质量一体化发展，政府、企业和市场等相关主体需要优化生态要素资源配置，降低生态环境建设成本，并共同推动区域内的生态环境保护。这样可以最大程度地发挥跨行政边界的生态治理效应，从而使整个生态系统能够支撑长三角地区经济社会的可持续发展。为此，我们需要加强生态一体化的顶层设计和合作平台，着力于跨区域生态联防联控联治。同时，积极探索并推行由市场定价的排放权交易和生态补偿机制，合理运用替代市场价值、碳足迹等生态价值补偿标准测算算法，综合考虑资金补偿、项目补偿、政策补偿、公共服务补偿等多种补偿方式，以充分发挥价格机制对生态负外部性的矫正作用。除此之外，我们还需要进一步完善区域生态综合补偿机制，以实现各利益主体行为的协调和生态环境保护的可持续发展。

应引导高污染产业有序转移，长江经济带下游地区需重点发展高端、服务、知识、低碳化产业。巩固和发展先进制造业中心，搭建区域间产业转移服务平台和合作平台，促进高污染产业向中上游地区转移。加快国家级产业转移示范区建设，如安徽皖江城市带、江西赣南、湖北荆州、湖南湘南、重庆沿江、四川广安等地的建设。同时，应加强产业准入负面清单制度管理，杜绝由产业转移带来的污染转移。建立长江经济带上中下游生态保护合作协调机制和全流域污染监测平台，加强污染密集型产业转出地和承接地合作，共同承担污染治理责任。污染密集型产业在转移过程中应在产业升级、产品结构调整的基础上，与承接地区进行合作和对接。承接地区应实施以吸纳创新人才为导向的产业转移优惠政策，吸引高层次人才和创新创业团队落户，促进高投入、高耗能、高污染、低效益的企业转型升级，从而实现经济发展和环境保护双赢。

（三）企业层面

制造业产业升级离不开制造业企业，作为企业，要保持竞争力，首先在战略目标的选择上要充分考虑市场环境、政策环境等。布局在长江经济带内的制造业企业，除需要考察国内外市场行情外，还需要了解长江经济带相关政策。

企业应以绿色技术开发与运用为抓手，改进传统的产业发展模式，促进产业转型升级，建立起现代化的工业发展体系，提升其绿色经济效应。盈利是企业存在的主要目的，但是适当承担社会责任，有利于提升企业在消费者心中的形象，也可增强其综合竞争力。随着环境问题逐渐进入大众视野，企业增强绿色技术创新能力，生产环保性质的产品或进行绿色工艺创新，不仅可获得经济利益，还具有公益性质，能赢得公众青睐。面对"30·60碳达峰碳中和"行动愿景，制造业企业积极进行低碳技术创新，降低自身碳排放，尽早树立零碳或低碳企业形象，有利于企业发展，不断收紧的碳排放政策，加强低碳技术创新，提升企业竞争力。

参考文献

一、著作

[1] 傅家骥. 技术创新学 [M]. 北京：清华大学出版社，1998.

[2] 柳卸林. 技术创新经济学 [M]. 北京：中国经济出版社，1993.

[3] 吕明元. 技术创新与产业成长 [M]. 北京：经济管理出版社，2009.

[4] 孙育红，张志勇. 绿色技术创新论 [M]. 北京：中国环境出版社，2017.

[5] 苏东水. 产业经济学 [M]. 北京：高等教育出版社，2000.

[6] 保罗·A·萨缪尔森，威廉·D·诺德豪斯. 经济学 [M]. 北京：中国发展出版社，1992.

[7] 马传栋. 可持续发展经济学 [M]. 北京：中国社会科学出版社，2015.

[8] 迈克尔·波特. 国家竞争优势 [M]. 北京：华夏出版社，2002.

[9] 马克思恩格斯全集（第 22 卷）[M]. 北京：人民出版社，1965.

[10] 马克思恩格斯全集（第 23 卷）[M]. 北京：人民出版社，1972.

[11] 威廉·配第. 政治算术 [M]. 上海：商务印书馆，2014.

[12] 霍利斯·钱纳里，摩尔塞斯·赛尔昆. 发展的格局 1950—1970 [M]. 北京：中国财政经济出版社，1989.

[13] 周振华. 现代经济增长中的结构效应 [M]. 上海：生活·读书·新知三联书店、上海人民出版社，2014.

[14] 胡绳. 中国共产党的七十年 [M]. 北京：中共党史出版社，1991.

[15] 傅家骥. 技术创新学 [M]. 北京：清华出版社，1998.

[16] 陈强. 高级计量经济学 [M]. 北京：高等教育出版社，2014.

［17］马传栋．可持续发展经济学［M］．北京：中国社会科学出版社，2015.

［18］吕明元．技术创新与产业成长［M］．北京：经济管理出版社，2009.

［19］梅多斯．增长的极限［M］．北京：商务印书馆，1984.

［20］苏东水，苏宗伟．产业经济学［M］．北京：高等教育出版社，2015.

［21］李孟刚，蒋志敏．产业经济学［M］．北京：高等教育出版社，2008.

［22］傅家骥．技术创新学［M］．北京：清华出版社，1998.

［23］张锋．聚焦新经济［M］．北京：中国经济出版社，2001.

［24］巴里·康芒纳．与地球和平共处［M］．上海：上海译文出版社，2002.

［25］Porter M. The competitive advantage of nations［M］. London and Basingstoke：Mac Millan，1990.

［26］Syrquin M. Pattern of structural change in H. B. Chenery and T. N. Srinivasan［M］. Hand Book of Development in Economics，Amsterdam：North Holland，2008.

［27］G Mensch. Zur optimalen gleitzeitregelung bei stofiweisem arbeitsanfall［M］. Physica‑Verlag HD：DGU Proceeding in Operations Research，1972.

［28］Freeman C. technology polity and economic performance：lessons from Japan［M］. London：France，1987.

二、期刊

［1］陈江生．中国全面建成小康社会的历史意义［J］．理论视野，2021，（8）．

［2］陈江生．百年大党的制度自信从何而来［J］．人民论坛，2021，（21）．

［3］王姝楠，陈江生．数字经济的技术‑经济范式［J］．上海经济研究，2019，（12）．

［4］陈江生，蔡和岑，张滔．美国"再工业化"效果：评价与反思［J］．理论视野，2016，（12）．

［5］陈江生．经济全球化的历史进程及中国机遇［J］．人民论坛，2021，（13）．

［6］李江涛，孟元博．当前产业升级的困境与对策［J］．国家行政学院学报，2008，（5）．

［7］林桂军，何武．中国装备制造业在全球价值链的地位及升级趋势［J］．国际贸易问题，2015，（4）．

[8] 王柏玲，李慧．关于区域产业升级内涵及发展路径的思考 [J]．辽宁大学学报（哲学社会科学版），2015，43（3）．

[9] 李刚，廖建辉，向奕霓．中国产业升级的方向与路径：中国第二产业占 GDP 的比例过高了吗 [J]．中国工业经济，2011，（10）．

[10] 齐亚伟，刘丹．信息产业发展对区域产业结构高度化的作用机制 [J]．数学的实践与认识，2014，44（6）．

[11] 张伟，朱启贵，高辉．产业结构升级、能源结构优化与产业体系低碳化发展 [J]．经济研究，2016，51（12）．

[12] 冯俊华，唐萌．改革开放以来我国传统制造业的持续转型升级 [J]．企业经济，2018，37（8）．

[13] 李福柱，刘华清．我国制造业转型升级的区位因素效应研究 [J]．经济学家，2018，6．

[14] 慕丹，周敏．马克思产业优先增长思想：理论解析与现实思考 [J]．理论探索，2010，（3）．

[15] 汪斌．基于全球视角的产业结构研究：一个新的切入点和研究框架 [J]．社会科学战线，2002，（2）．

[16] 金碚．工业的使命和价值：中国产业转型升级的理论逻辑 [J]．中国工业经济，2014，9．

[17] 盛丰．生产性服务业集聚与制造业升级：机制与经验——来自 230 个城市数据的空间计量分析 [J]．产业经济研究，2014，（2）．

[18] 汪德华，江静，夏杰长．生产性服务业与制造业融合对制造业升级的影响：基于北京市与长三角地区的比较分析 [J]．首都经济贸易大学学报，2010，（2）．

[19] 阳立高，谢锐，贺正楚，韩峰，孙玉磊．劳动力成本上升对制造业结构升级的影响研究：基于中国制造业细分行业数据的实证分析 [J]．中国软科学，2014，（12）．

[20] 陈立敏，谭力文．评价中国制造业国际竞争力的实证方法研究：兼与波特指标及产业分类法比较 [J]．中国工业经济，2004，（5）．

[21] 靖学青. 上海产业升级测度及评价 [J]. 上海经济研究，2008，(6).

[22] 冯春晓. 我国对外直接投资与产业结构优化的实证研究：以制造业为例 [J]. 国际贸易问题，2009，(8).

[23] 徐常萍，吴敏洁. 环境规制对制造业产业结构升级的影响分析 [J]. 统计决策，2012，(16).

[24] 田洪川，石美遐. 制造业产业升级对中国就业数量的影响研究 [J]. 经济评论，2013，(5).

[25] 程虹，刘三江，罗连发. 中国企业转型升级的基本状况与路径选择：基于570家企业4794名员工入企调查数据的分析 [J]. 管理世界，2016，(02).

[26] 陈春明，张洪金. 国外制造业转型升级比较与变革借鉴 [J]. 国外社会科学，2017，(5).

[27] 李香菊，祝丹枫. 财税政策波动如何影响中国制造业转型升级：基于信息不对称和目标冲突视角的分析 [J]. 财贸研究，2018，29 (11).

[28] 程惠芳，唐辉亮，陈超. 开放条件下区域经济转型升级综合能力评价研究：中国31个省市转型升级评价指标体系 [J]. 管理世界，2011，(8).

[29] 王玉燕，林汉川，吕臣. 中国企业转型升级战略评价指标体系研究 [J]. 科技进步与对策，2014，31 (15).

[30] 孙理军，严良. 全球价值链上中国制造业转型升级绩效的国际比较 [J]. 宏观经济研究，2016，(1).

[31] 张径纬，杨树旺，吕超. 制造业集聚对劳动生产率的动态影响研究：基于长江经济带地级市数据 [J]. 商业经济研究，2016，(13).

[32] 陈雁云，邓华强，长江经济带制造业产业集聚与经济增长关系研究 [J]. 江西社会科学，2016，36 (6).

[33] 张建清，袁森柱，杨刚强. 市场一体化对制造业聚集影响的实证 [J]. 统计与决策，2017，(12).

[34] 白永亮，杨扬. 长江经济带城市制造业集聚的空间外部性：识别与应用 [J]. 重庆大学学报（社会科学版），2019，25 (3).

[35] 高寿华，刘程军，陈国亮. 生产性服务业与制造业协同集聚研究：基于长江经济带的实证分析 [J]. 技术经济与管理研究，2018，(4).

[36] 张予川，戴承，张金鑫. 长江经济带制造业服务转型路径选择：基于微笑曲线的实证研究 [J]. 软科学，2017，31（6）.

[37] 成艾华，喻婉. 长江经济带产业转移、产业分工与一体化发展 [J]. 中南民族大学学报（人文社会科学版），2018，38（6）.

[38] 张予川，张金鑫. 长江经济带物流业发展对制造业效率提升实证分析 [J]. 湖北大学学报（哲学社会科学版），2015，42（2）.

[39] 薛漫天. 长江经济带外向型制造业转移研究 [J]. 华东经济管理，2016，30（11）.

[40] 靖学青. 长江经济带制造业与物流业联动发展研究 [J]. 南通大学学报（社会科学版），2017，33（1）.

[41] 曹广喜，刘禹乔，周洋，周静宜. 中国制造业发展与碳排放脱钩的空间计量研究：四大经济区分析 [J]. 科技管理研究，2015，35，（21）.

[42] 孙智君，戚大苗. 长江经济带沿江省市新型工业化水平测度 [J]. 区域经济评论，2014，（5）.

[43] 彭智敏，冷成英. 基于集聚视角的长江经济带各省市制造业比较优势研究 [J]. 南通大学学报（社会科学版），2015，31（5）.

[44] 罗蓉. 长江经济带产业协调发展研究 [J]. 开发研究，2007，（2）.

[45] 石清华. 长江经济带制造业产业同质化及其布局优化 [J]. 商业经济研究，2016，（1）.

[46] 薛漫天. 长江经济带制造业布局的重点方向及推进策略 [J]. 经济纵横，2016，（6）.

[47] 朱晓霞，郝佳佳. 中国制造业产业升级路径选择研究：以长江经济带为例 [J]. 科技进步与对策，2015，32（7）.

[48] 马艳华，魏辅轶. 产业结构调整理论研究综述 [J]. 山西财经大学学报，2011，33（53）.

[49] 丁焕峰. 技术扩散与产业结构优化的理论关系分析 [J]. 工业技术经济，2006，（5）.

[50] 孙军. 需求因素、技术创新与产业结构演变 [J]. 南开经济研究，2008，（5）.

[51] 王永刚．技术创新与产业生命周期［J］．商业研究，2002，(9)．

[52] 唐晓云．产业升级研究综述［J］．科技进步与对策，2012，29 (4)．

[53] 姜泽华，白艳．产业结构升级的内涵与影响因素分析［J］．当代经济研究，2006，(10)．

[54] 梁树广．产业结构升级影响因素作用机理研究［J］．商业研究，2015，(7)．

[55] 肖兴志，李少林．环境规制对产业升级路径的动态影响研究［J］．经济理论与经济管理，2013，(6)．

[56] 王小雨，王锋正．内蒙古资源型产业转型升级的技术创新驱动机制［J］．北方经济，2012，(11)．

[57] 李树人，谢承泮．技术创新与资源型城市产业转型［J］．科学学与科学技术管理，2006，(12)．

[58] 李烨，潘伟恒，龙梦琦．资源型产业绿色转型升级的驱动因素［J］．技术经济，2016，35 (4)．

[59] 潘为华，潘红玉，陈亮，贺正楚．中国制造业转型升级发展的评价指标体系及综合指数［J］．科学决策，2019 (9)．

[60] 吴传清，龚晨．长江经济带沿线省市的工业集聚水平测度［J］．改革，2015，(10)．

[61] 贾仓仓，陈绍友．新常态下技术创新对产业结构转型升级的影响：基于2011—2015年省际面板数据的实证研究［J］．科技管理研究，2018，38 (15)．

[62] 冉小明，黄森．"美丽中国"背景下中国区域产业转移对工业绿色效率的影响研究：基于 SBM-undesirable 模型和空间计量模型［J］．重庆大学学报(社会科学版)，2018，24 (4)．

[63] 林学军．战略性新兴产业的发展与形成模式研究［J］．中国软科学，2012，(2)．

[64] 张银银，邓玲．创新驱动传统产业向战略性新兴产业转型升级：机理与路径［J］．经济体制改革，2013，(5)．

[65] 何小钢．能源约束、绿色技术创新与可持续增长：理论模型与经验证据［J］．中南财经政法大学学报，2015，(4)．

[66] 王锋正，陈方圆．董事会治理、环境规制与绿色技术创新：基于我国重污染行业上市公司的实证检验 [J]．科学学研究，2018，36（2）．

[67] 余东华，崔岩．双重环境规制、技术创新与制造业转型升级 [J]．财贸研究，2019，30（7）．

[68] 贾军，张伟．绿色技术创新中路径依赖及环境规制影响分析 [J]．科学学与科学技术管理，2014，35（5）．

[69] 赵定涛，洪进．绿色技术创新的影响因素分析：基于中国专利的实证研究 [J]．中南大学学报（社会科学版），2013，19（2）．

[70] 王锋正，郭晓川．环境规制强度对资源型产业绿色技术创新的影响：基于2003—2011年面板数据的实证检验 [J]．中国人口·资源与环境，2015，25（S1）．

[71] 徐建中，王曼曼．绿色技术创新、环境规制与能源强度：基于中国制造业的实证分析 [J]．科学学研究，2018，36（4）．

[72] 毕克新，杨朝均，黄平．中国绿色工艺创新绩效的地区差异及影响因素研究 [J]．中国工业经济，2013，（10）．

[73] 刘英基．制造业国际竞争力提升的绿色技术进步驱动效应：基于中国制造业行业面板数据的实证分析 [J]．河南师范大学学报（哲学社会科学版），2019，46（5）．

[74] 尤济红，王鹏．环境规制能否促进R&D偏向于绿色技术研发？：基于中国工业部门的实证研究 [J]．经济评论，2016，（3）．

[75] 周力．中国绿色创新的空间计量经济分析 [J]．资源科学，2010，32（5）．

[76] 罗良文，梁圣蓉．中国区域工业企业绿色技术创新效率及因素分解 [J]．中国人口·资源与环境，2016，26（9）．

[77] 王海龙，连晓宇，林德明．绿色技术创新效率对区域绿色增长绩效的影响实证分析 [J]．科学学与科学技术管理，2016，37（6）．

[78] 奇绍洲，林屾，崔静波．环境权益交易市场能否诱发绿色创新？：基于我国上市公司绿色专利数据的证据 [J]．经济研究，2018，53（12）．

[79] 曹贤忠，曾刚．基于熵权TOPSIS法的经济技术开发区产业转型升级模式选择研究：以芜湖市为例 [J]．经济地理，2014，34（4）．

[80] 彭星，李斌. 不同类型环境规制下中国工业绿色转型问题研究 [J]. 财经研究，2016，42（7）.

[81] 夏勇，胡雅蓓. 经济增长与环境污染脱钩的因果链分解及内外部成因研究：来自中国 30 个省份的工业 SO_2 排放数据 [J]. 产业经济研究，2017，（5）.

[82] 车亮亮，韩雪，赵良仕，武春友. 中国煤炭利用效率评价及与经济增长脱钩分析 [J]. 中国人口·资源与环境，2015，25（3）.

[83] 卢强，吴清华，周永章，周慧杰. 广东省工业绿色转型升级评价的研究 [J]. 中国人口·资源与环境，2013，23（7）.

[84] 童健，刘伟，薛景. 环境规制、要素投入结构与工业行业转型升级 [J]. 经济研究，2016，51（7）.

[85] 王立国，赵婉妤. 我国金融发展与产业结构升级研究 [J]. 财经问题研究，2015，（1）.

[86] 吴福象、沈浩平. 新型城镇化、基础设施空间溢出与地区产业结构升级：基于长三角城市群 16 个核心城市的实证分析 [J]. 财经科学，2013，（7）.

[87] 阳立高，龚世豪，王铂，晁自胜. 人力资本、技术进步与制造业升级 [J]. 中国软科学，2018，（1）.

[88] 岳鸿飞，徐颖，吴璨. 技术创新方式选择与中国工业绿色转型的实证分析 [J]. 中国人口·资源与环境，2017，27（12）.

[89] 奇亚伟. 节能减排、环境规制与中国工业绿色转型 [J]. 江西社会科学，2018，（3）.

[90] 陈玉龙，石慧. 环境规制如何影响工业经济发展质量？：基于中国 2004—2013 年省际面板数据的强波特假说检验 [J]. 公共行政评论，2017，10（5）.

[91] 张纯洪，刘海英. 地区发展不平衡对工业绿色全要素生产率的影响：基于三阶段 DEA 调整测度效率的新视角 [J]. 当代经济研究，2014，（9）.

[92] 蔡宁，吴婧文，刘诗瑶. 环境规制与绿色工业全要素生产率 [J]. 辽宁大学学报（哲学社会科学版），2014，42（1）.

[93] 余泳泽，刘凤娟，张少辉. 中国工业分行业资本存量测算：1985—2014 [J]. 产业经济评论，2017，（6）.

[94] 惠树鹏，张威振，边珺. 工业绿色全要素生产率增长的动力体系及驱动效应研究 [J]. 统计与信息论坛，2017，32 (12).

[95] 原毅军，谢荣辉. 环境规制与工业绿色生产率增长：对"强波特假说"的再检验 [J]. 中国软科学，2016，(7).

[96] 谢荣辉. 环境规制、引致创新与中国工业绿色生产率提升 [J]. 产业经济研究，2017，(2).

[97] 李平. 环境技术效率、绿色生产率与可持续发展：长三角与珠三角城市群的比较 [J]. 数量经济技术经济研究，2017，34 (11).

[98] 申晨，贾妮莎，李炫榆. 环境规制与工业绿色全要素生产率：基于命令—控制型与市场激励型规则工具的实证分析 [J]. 研究与发展管理，2017，29 (2).

[99] 杨文举，龙睿赟. 中国地区工业绿色全要素生产率增长：基于方向性距离函数的经验分析 [J]. 上海经济研究，2012，24 (7).

[100] 李玲，陶锋. 中国制造业最优环境规制强度的选择：基于绿色全要素生产率的视角 [J]. 中国工业经济，2012，(5).

[101] 李婧，谭清美，白俊红. 中国区域创新生产的空间计量分析：基于静态与动态空间面板模型的实证研究 [J]. 管理世界，2010，(7).

[102] 钟茂初，李梦洁，杜威剑. 环境规制能否倒逼产业结构调整：基于中国省际面板数据的实证检验 [J]. 中国人口·资源与环境，2015，25 (8).

[103] 綦良群，李兴杰. 区域装备制造业产业结构升级机理及影响因素研究 [J]. 中国软科学，2011，(5).

[104] 吴进红，吴青蔚. 制造业升级的影响因素研究：基于江苏省制造业面板数据的实证 [J]. 扬州大学学报（人文社会科学版），2013，17 (6).

[105] 李豫新，帅林遥，王睿哲. 产业结构升级及其影响因素研究：基于新疆数据的实证分析 [J]. 中国科技论坛，2014，(9).

[106] 吴福象，沈浩平. 新型城镇化、基础设施空间溢出与地区产业结构升级：基于长三角城市群 16 个核心城市的实证分析 [J]. 财经科学，2013，(7).

[107] 赵春燕. 人口老龄化对区域产业结构升级的影响：基于面板门槛回归模型的研究 [J]. 人口研究，2018，42（5）.

[108] 刘志彪. 以城市化推动产业转型升级：兼论"土地财政"在转型时期的历史作用 [J]. 学术月刊，2010，42（10）.

[109] 郭克莎. 外商直接投资对我国产业结构的影响研究 [J]. 管理世界，2000，（2）.

[110] 张忠根，何凌霄，南永清. 年龄结构变迁、消费结构优化与产业结构升级：基于中国省级面板数据的经验证据 [J]. 浙江大学学报（人文社会科学版），2016，46（3）.

[111] 魏福成，邹薇，马文涛，刘勇. 税收、价格操控及产业升级的障碍：兼论中国式财政分权的代价 [J]. 经济学（季刊），2013，12（4）.

[112] 付勇，张晏. 中国式分权与财政支出结构偏向：为增长而竞争的代价 [J]. 管理世界，2007，（3）.

[113] 汪伟，刘玉飞，彭冬冬. 人口老龄化的产业结构升级效应研究 [J]. 中国工业经济，2015，（11）.

[114] 周光召. 将绿色科技纳入我国科技发展总体规划 [J]. 环境导报，1995，（2）：21-22.

[115] 郑晙智. 环境规制下的企业绿色技术创新与扩散动力研究 [J]. 科学管理研究，2016，（5）.

[116] 黄磊，吴传清. 长江经济带城市绿色技术创新效率及其动力机制研究 [J]. 重庆大学学报（社会科学版），2021，（1）.

[117] 焦长勇. 企业绿色技术创新探析 [J]. 科技进步与对策，2001，（3）.

[118] 钟晖，王建锋. 建立绿色技术创新机制 [J]. 生态经济，2000，（3）.

[119] 陈彬. 可持续发展与技术创新生态化 [J]. 科技成果纵横，2005，（6）.

[120] 荣诚. 生态技术创新研究初探 [J]. 中国软科学，2004，（5）.

[121] 彭福扬，刘小华. 传统技术创新的困境及其出路 [J]. 中国发展，2004，（4）.

[122] 余敬，董青. 技术创新论：生态技术创新 [J]. 科技进步与对策，2000，（3）.

[123] 陈修颖，陆林．长江经济带空间结构形成基础及优化研究［J］．经济地理，2004，（3）.

[124] 陈修颖．长江经济带空间结构演化及重组［J］．地理学院，2007，（12）.

[125] 于涛方，甄峰，吴泓．长江经济带区域结构："核心-边缘"视角［J］．城市规划学刊，2007，（3）.

[126] 彭劲松．长江经济带城市综合竞争力及空间分异［J］．重庆工商大学学报（社会科学版），2007，（4）.

[127] 沈玉芳，罗余红．长江经济带东中西部地区经济发展不平衡的现状、问题及对策研究［J］．世界地理研究，2000，（2）.

[128] 邱婧．长江经济带中心城市经济发展差异及协调机制研究［J］．国土与自然资源研究，2010，（1）.

[129] 范建伟，李超．长江经济带区域合作的经济学分析——基于空间经济联系与结构形态视角［J］．中国外资，2011，（20）.

[130] 唐路元．长江经济带中西部地区合作问题研究［J］．重庆工商大学学报·西部论坛，2006，（2）.

[131] 王合生，虞孝感．长江经济带建设的可持续发展研究［J］．长江流域资源与环境，1998，（1）.

[132] 邓玲．长江经济带产业发展与上游地区资源开发［J］．社会科学研究，1998，（3）.

[133] 黄泓．长江经济带协调发展模式及机制创新［J］．重庆工学院学报（社会科学版），2007，（9）.

[134] 黄庆华，周志波，刘晗．长江经济带产业结构演变及政策取向［J］．经济理论与经济管理，2014，（6）.

[135] 吴传清，董旭．长江经济带工业全要素生产率分析［J］．武汉大学学报（哲学社会科学版），2014，（7）.

[136] 张跃，刘莉．绿色发展背景下长江经济带产业结构优化升级的地区差异及空间收敛性［J］．世界地理研究，2020，（12）.

[137] 李强，王琰．城市蔓延与长江经济带产业升级［J］．重庆大学学报（社会科学版），2020，（5）.

［138］闫海洲．长三角地区产业结构高级化及影响因素［J］．财经科学，2010，(12)．

［139］孙红玲．长株潭两型社会城市群的产业结构优化与发展［J］．求索，2009，(8)．

［140］Lucas R. On the nechanics of economic development［J］．Journal of Monetary Economics，1988，22 (1)．

［141］Romer P M. Endogenous technological change［J］．Journal of Political Economy，1990，98 (5)．

［142］Carolyn Shaw Solo. Innovation in the capitalist process：a critique of the schumpeterian theory［J］．The Quarterly Journal of Economics，1951，3 (65)．

［143］Gereffi G. International trade and industrial upgrading in the apparel commodity chain［J］．Journal of International Economics，1999，(48)．

［144］Poon T S C.. Beyond the global production net-works：a case of further upgrading of Taiwan's information technology industry［J］．International Journal of Technology and Globalization，2004，1 (1)．

［145］Varum C A，Cibrao B，Morgado A，Costa J. R&D，Structural change and productivity：the role of high and medium-high technology industries［J］．Economia Aplicada，2012，13 (4)．

［146］Solow R M. Technical change and the aggregate production function［J］．Review of economics and Statistics，1957，39 (3)．

［147］Gerd Bender F，Garibaldo M，Handcock K. Heanue，Jacobson D，Staffan Laestadius，Pedersen T. E. Schmierl K. Peculiarities and relevance of non-research-intensive industries in the know-ledge-based economy［J］．Final report of the PILOT，2006.

［148］Managi，Kaneko. Producticity of market and environmental abatement in China［J］．Environment Economics and Policy Studies，2006，7 (4)．

三、学位论文

［1］贺丹．基于生态经济的产业结构优化研究［D］．武汉：武汉理工大学，2012.

[2] 刘成坤. 人口老龄化对产业结构的影响研究 [D]. 泉州：华侨大学，2019.

[3] 王昀. 中国制造业转型升级的潜力测算与路径优化研究 [D]. 大连：大连理工大学，2016.

[4] 彭星. 中国工业绿色转型进程中的激励机制与治理模式研究 [D]. 长沙：湖南大学，2015.

[5] 胡安军. 环境规制、技术创新与中国工业绿色转型研究 [D]. 兰州：兰州大学，2019.

图索引

表索引